建築設計テキスト
図書館

積田洋・恒松良純 著
建築設計テキスト編集委員会編

彰国社

建築設計テキスト編集委員（50音順）

金子友美（昭和女子大学）

古賀誉章（宇都宮大学）

恒松良純（東北学院大学）＊

積田　洋（東京電機大学）＊

藤田大輔（福井工業大学）

松永英伸（東京電機大学）

山田あすか（東京電機大学）

＊印は「図書館」担当編集委員

編集協力：大塚ゆき恵（東京電機大学積田研究室）

装丁・本文デザイン　伊原智子（るび・デザインラボ）

まえがき

　本書は2008年から2009年に刊行した一連の「事務所建築」「住宅」「集合住宅」「商業施設」の設計テキストシリーズの第2弾として編まれたものである。新たに建築設計テキスト編集委員会を立ち上げ、本書「図書館」のほか、「高齢者施設」「併用住宅」「幼稚園・保育所」を順次刊行予定である。

　建築の設計は、用途や機能のみならず時代を映す社会的な要請や条件、さらにはデザインを網羅的にとらえて、人間の豊かな生活の空間を提供するように構想して、計画されるものである。

　建築学や関連分野の専門知識を学ぶ大学や工業高等専門学校、工業高校では、設計製図は基幹科目としてカリキュラムの中で多くの時間を当てている。建築計画や建築構造、建築設備などの講義科目での知識を総じて、一つの建築としてまとめあげる設計製図の演習は、建築の専門家としての技術を取得するうえで極めて重要なものである。

　本書は設計製図科目の教科書として編纂したものである。

　図書館建築の最大の特徴は、幼児から高齢者に至る幅広い年代の人々が無料で利用でき、かつ利用率の高い公共施設であると言える。そのため、年代や障害を超えてバリアフリーなど利用のしやすさ、運営も含めて書物に接する機会を促す計画的な工夫、さらには読書環境としてふさわしい空間計画・デザインが要求される。

　本書の特徴は、実際の計画や設計で行われる一連のフローに沿って、建築計画や構造計画さらに設備計画が、計画の初段階から、相互に関連して検討されていくことを理解し、事例の設計図もまた教科書的に省略するのではなく、実際に用いられているものに近い表現で掲載し、より実務に近い形での編集を心掛けたところにある。学生の設計課題の取組みの中で、建築計画や構造計画さらには設備計画がそれぞれ別のものとして意識され、乖離した状況が多く見受けられる。建築計画とともに構造計画や設備計画を一体のものとして考えることの重要性を認識するという本書の意図を理解いただければ幸甚である。

　本書の構成は、1章では、図書館建築の基礎知識として、図書館建築の歴史、図書館の種類、図書館ならではの相互協力のネットワークシステム、関連法規制などを解説した。2章では設計・計画の基本的な計画の留意点、各部の設計、構造計画、設備計画について解説している。3章では実例を、図書館建築の種類や蔵書数、規模によって異なる構成の計画について理解を促すために、規模別に8例を示した。4章では具体的な設計例として平面図・断面図などの一般図と構造・設備図を実際の図面に近い形で掲載した。

　また急速に進む情報化などの多様化する社会状況の中で、最近話題となっている図書館建築に関係する話題を「コラム」として取り上げ解説した。

　最後に本書の編集にあたって、貴重な資料を提供していただいた設計事務所各位に厚くお礼申し上げる。

2015年12月

建築設計テキスト編集委員会　積田　洋

目 次

まえがき ——————————— 3

1 概　要 ——————————— 5

1.1 図書館とは ——————————— 6
1. 図書館の歴史・変遷 ——————— 7
2. 図書館の種類 ——————————— 7
3. 相互協力のネットワークシステムをつくる —— 7

1.2 計画から設計へ ——————————— 9
1. 計画条件を整理する ——————— 9
2. 図書館を配置する ——————— 9
3. 利用率を高める ——————————— 9

1.3 図書館関連法規 ——————————— 10

1.4 図書館の構成 ——————————— 12
1. 図書館の機能と諸室 ——————— 12
2. 出納システム ——————————— 13

2 設計・計画 ——————————— 15

2.1 基本計画 ——————————— 16
1. 配置計画 ——————————— 16
2. 広域参考図書館 ——————— 17
3. 地域中心図書館 ——————— 17
4. 分館 ——————————— 18
5. 大学図書館 ——————————— 18
6. 防災計画 ——————————— 18

2.2 各部の計画 ——————————— 19
1. 閲覧室 ——————————— 19
2. バックスペース ——————— 23

2.3 共用部分の計画 ——————————— 27
1. 廊下・階段・エレベーター ——— 27
2. 便所・洗面所・授乳コーナー —— 28
3. 駐車場スペース ——————— 29

2.4 構造計画 ——————————— 30
1. モデュラープランニングの考え方 —— 30

2. 閲覧・事務部門と書庫の関係 —— 30
3. 耐震対策 ——————————— 30
4. バリアフリー ——————————— 31

2.5 環境・設備計画 ——————————— 31
1. 音環境 ——————————— 31
2. 光環境 ——————————— 31
3. 熱環境 ——————————— 31
4. 防災対策 ——————————— 32
5. 水害対策 ——————————— 32

3 設計事例 ——————————— 35

1. 小布施町立図書館「まちとしょテラソ」
/古谷誠章＋NASCA ——— 36
2. 洲本市立図書館/鬼頭梓建築設計事務所 —— 38
3. むつ市立図書館/近藤道男建築設計室 —— 40
4. 金沢海みらい図書館/シーラカンスK&H —— 42
5. 実践女子大学図書館/高橋靗一/第一工房 —— 44
6. 宮城県図書館
/原広司＋アトリエ・ファイ建築研究所 —— 46
7. せんだいメディアテーク
/伊東豊雄建築設計事務所 ——— 48
8. 国立国会図書館関西館/陶器二三雄建築研究所 —— 50

4 設計図面 ——————————— 53

福井県立図書館・文書館/槇総合計画事務所 —— 54

【コラム】
図書館利用者の貸出冊数と人口の推移 —— 6
保存・再生された東京都北区立中央図書館 —— 10
新たな試みとしての武雄市図書館 —— 13
OPAC（Online Public Access Catalogue）—— 21
ICT（Information and Communication Technology）

—— 22
自動出納書庫 ——————————— 26
最近の図書館建築 ——————————— 32
図書館と防災 ——————————— 33

1 概　要

1 概　要

1.1 図書館とは

　図書館は、社会教育法の精神に基づき、図書館の設置および運営に関して必要な事項を定め、その健全な発達を図り、もって国民の教育と文化の発展に寄与することを目的とする図書館法において「図書、記録その他必要な資料を収集し、整理し、保有して、一般公衆の利用に供し、その教養、調査研究、レクリエーション等に資することを目的とする施設」とされている。

　さらに「郷土資料、地方行政資料、美術品、レコードおよびフィルムの収集にも十分留意して、図書、記録、視聴覚教育の資料その他必要な資料（CDやDVDなど電磁的記録を含む）を収集すること」、また「他の図書館、国立国会図書館、地方公共団体の議会に附置する図書室および学校に附属する図書館、または図書室と緊密に連絡し、協力し、図書資料の相互貸借を行うこと」がうたわれている。

　図書資料とは、一般書、公官庁出版物、逐次刊行物が主なものであるが、視聴覚資料として、映画フィルム、ビデオ、写真、レコードなどさらに公文書や私文書、ポスターやカタログ、模型や標本など幅広い資料が含まれる。

　また市区町村は、住民に対して適切な図書館サービスを行うことができるよう、住民の生活圏、図書館の利用圏等を十分に考慮し、市区町村立図書館（地域中心館）および分館等の設置に努めるとともに、必要に応じ移動図書館の活用を行うものとする。併せて、市区町村立図書館と公民館図書室等との連携を推進することにより、当該市区町村の全域サービス網の整備に努めるものとする。

　さらに都道府県は、都道府県立図書館（広域参考図書館）の拡充に努め、住民に対して適切な図書館サービスを行うとともに、図書館未設置の町村が多く存在することも踏まえ、当該都道府県内の図書館サービスの全体的な進展を図る観点に立って、市区町村に対して市区町村立図書館の設置および運営に関する必要な指導・助言等を行うものとする。

　公立図書館の設置に当たっては、サービス対象地域の人口分布と人口構成、面積、地形、交通網等を勘案して、適切な位置および必要な図書館施設の床面積、蔵書収蔵能力、職員数等を確保するよう努めるものとする、とされている。

　なお現在（2014年）日本の公共図書館数は、都道府県立60館、市区町村立3,166館など3,200館余りである。蔵書数は4.2億冊、その内ほぼ半数が開架式（p.12参照）である。来館者数は延べ3億人、大学図書館も1,400余りで、蔵書数は3億冊、その内約1,000万冊の洋書を有している。

　公共施設として図書館は極めて利用率の高い施設である。公共図書館は他の公共施設とは異なり、すべての市民が自由に利用できるものであり、共有の財産であるとともに、誰もが無料で利用できる施設である。

【コラム①】
図書館利用者の貸出冊数と人口の推移

　東京23区の人口と図書館利用者の貸出冊数の関係をまとめて、年齢別の人口の割合の分布が顕著な4区の貸出冊数を比較したものが右図である。

　東京の中心区2区は、年齢分布の割合が30代から50代が若干多くなっているものの高齢者の比率は低い。貸出冊数も30代から50代の年代が多い。しかしいわゆる東京の下町と呼ばれる2区は30代から50代の人口も多いが、60代から70代の人口比率も高くなっていて貸出冊数も多い傾向が見られる。いわゆる少子高齢化の進んでいる地区である。こうした地区では、高齢者、特に男性の図書館利用者が急増している。今後日本では顕著に少子高齢化が進む。こうした現状のもとで図書館の利用者もますます高齢化していくことになろう。高齢者の利用に対応したバリアフリーはもとより、図書館の中での居場所の工夫も必要である。一方、他の年齢層の利用者に対するスペースの確保も重要であり、課題としてバランスのとれた運営、施設計画、スペース配分に留意していかなければならない。

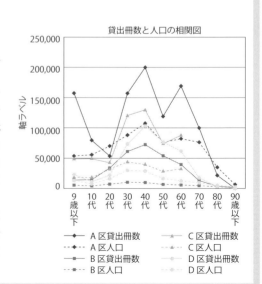

またコラム①に記載したように、少子高齢化が進む社会で図書館利用者の高齢化も目立ってきている。幅広い年齢層やハンディキャップのある人にも、十分考慮した計画とすることが重要である。

❶ 図書館の歴史・変遷

現在の図書館のように一般の人々が自由に資料に触れ、利用できる施設となったのは、1850年にイギリスにおいて公費による公共の図書館が設置され、図書館法が成立して以降である。その一因として、15世紀に活版印刷が発明され、印刷技術の急速な発展によって書物の複写が容易となり、資料の量産化・廉価化が可能になったことが挙げられる。

なお図書館は非常に古い歴史があり、紀元前7世紀にはアッシリアのニネベの王宮跡に粘土板文書の図書館があり、2万点以上の陶本が発掘された。また古代最大の図書館といわれるアレクサンドリアの図書館には、紀元前3世紀にはすでに所蔵資料の目録が備えられていたとされる。また13世紀以降ソルボンヌ、オックスフォード、ケンブリッジなどの大学では、大学図書館が付設されるようになる。しかし当時の図書館は、特定の人が利用するものであった。建築的には知識を蓄積するための空間として、古くから重要視された施設であり、空間的にもアトリウムやドーム天井など、そのデザインにも様々な演出がされてきた（図1.1～1.2）。

日本の図書館では、13世紀後半の金沢文庫や15世紀の足利学校が挙げられる。特に金沢文庫は、個人によるものであるが、国宝や重要文化財に指定される貴重本が収集された。その後衰退したが、神奈川県立金沢文庫として復興、現在は博物館として運営されている。

❷ 図書館の種類

上述の公共図書館以外では大学図書館（図1.3）や専門図書館、保存図書館などがある。

大学図書館とは、大学に付属して設置されたものであり、大学の研究や教育を支える中心的な施設である。利用者は主に大学教職員と学生であるが、他の大学の研究者や、最近では大学施設の地域開放の一環として地域住民に利用を提供しているところもある。

保存図書館（デポジット・ライブラリー：deposit library）とは、設置主体を異にする複数の図書館が、それぞれで所蔵が困難になった資料を1カ所に集め、共同で保存するもの。書誌・所蔵情報の管理と提供を行い、物流システムを保障して、各図書館の求めに応じて利用者が必要とする資料を貸し出す保存センターである。図書館の役割として常に新しい情報を提供していくために、図書の更新が図られている。そのため、図書館の将来の蔵書数の増加に備えた書庫スペースの確保が、計画の時点で必要となる。しかし、これを面積的に確保するには限界がある。こうした所蔵の困難になった図書や資料の保存に対応していく図書館が、保存図書館である。

ほかに学校図書館法による学校内に設ける、児童や生徒・教員の利用を対象とした学校図書館がある。学校の教育や児童・生徒に健全な教育を育成することを目的としたものである。

形態的にはこれまでの図書室として独立させた配置や計画から、メディアセンター、リソースセンターといったAV資料などメディアを用いる機器を置き、多様な個別学習に対応する開かれた形態のものも現れてきている。

なお本書では市民の利用と密着した施設として、公共図書館を中心に解説する。

❸ 相互協力のネットワークシステムをつくる

それぞれの図書館が独自に収集している図書や資料を情報として組織化することで、利用範囲を広げることができ、また図書館での利用率の高い図書や資料を除き、散在している資料の重複を避け、分担収集・分担保存や相互貸借により、利用者の利便性のみならず経済的にも有効なものとなる。

図1.1 アレクサンドリアの図書館

図1.2 オーストリア国立図書館

図1.3 国際教養大学図書館

利用者が図書などの資料を手に入れるため、図書館のシステムとして図書館相互の蔵書情報などを共有するネットワークシステムがある（図1.4）。このネットワークの頂点に立つのが、日本国内で出版されたすべての出版物を収集・保存する日本唯一の図書館、国立国会図書館である。現在東京本館と関西館がある。出版物を発行するに当たって1部以上を納めなければならない納本制度があり、国会議員の職務に資するとともに、行政や司法の部門、国民に対して図書サービスを提供することを目的としている。

大規模図書館の例として、H.シャローン設計のプロイセン文化財団ベルリン国立図書館がある。蔵書数400万冊。ラテンアメリカ専門図書館と図書館学研究所を併設している。広大な吹抜け空間の中に開架書架、閲覧机がゆったりと並べられ、図書展示スペースがまるで宙に浮いているかのように設けられたダイナミックな空間構成である（図1.5〜1.6）。

公共図書館では、都道府県立の広域参考図書館があり、市区町村立の地域中心館とその分館、さらに不便な場所には、移動図書館ブックモービルとネットワークのシステムがつくられ、図書の利用を促している。特に地域中心館を中心に居住者数や、どの地区からも等距離で利用できるように幾つかの分館が配されている（図1.7）。またこのネットワークを通じて、利用者が希望する図書の所在が検索でき、複写や貸出しが可能となる。

なお図書資料の嗜好は時代によって変わっていく。そのため貸出図書で概ね4年、参考図書で10年といわれ、需要に合わせて逐次更新していく必要がある。

図1.4　図書館の種類とネットワークシステム

図1.5　ベルリン国立図書館内観　　図1.6　ベルリン国立図書館平面図（H.シャローン）

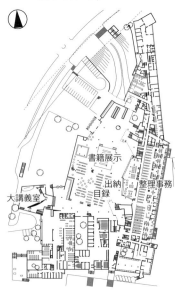

図1.7　図書館網（東京都調布市）

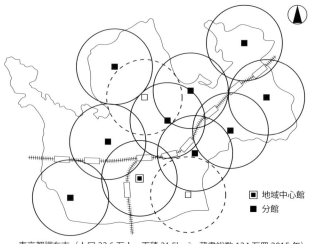

東京都調布市（人口22.6万人，面積21.5km²，蔵書総数134万冊 2015年）

1.2　計画から設計へ

❶ 計画条件を整理する

　実際の計画や設計に当たっては、運営主体の運営プログラムを条件として、建築計画や配置計画の立案、利用のしやすい立地や利便性、読書スペースとしての閲覧室など、図書館の空間の快適性が重要となる。また閲覧や貸出し手続きの簡素化を図る必要がある。

　建築計画や配置計画として、交通などが利用のしやすい利便性の高い立地に加え、ほかの文化施設との関係を考慮する。また読書にふさわしい雰囲気や環境、例えば公園やその周辺敷地の緑豊かな場所など、建築周辺のランドスケープデザインも考慮して計画する。さらに閲覧室などについては、空間の居心地のよさをはじめ快適性を考える。また動線や機能として、閲覧や貸出し手続きの簡素化はもちろんのこと、居住地の最寄りの図書館で入手困難な図書などの資料を閲覧・貸出しできるサービスが受けられる図書館相互のネットワークのシステムを理解して計画することが重要である。

　それぞれの図書館の性格や地域性、蔵書数により役割や機能構成が異なるため、これを念頭に計画も多様な構成となる。また今後の蔵書数の増加に対応した増築計画にも留意する。

　一般的な計画から設計に至るフローとして、

・敷地、方位や気温、風向き、雨量や積雪量などの地域の気候、風土を知る。
・建物を建てる土地の都市計画の用途地域を調べる。図書館は表1.1に示すように原則、第1種・第2種低層住居専用地域、第1種・第2種中高層住居専用地域では一部の制限がかかる。また工業専用地域には建てることができない。
・敷地の形状から高低差、ほかの建物との関係、樹木・植栽の位置や種類の把握、地下埋設物の有無、地盤の強度や地下水位など、寒冷地では凍結深度などを調べる。
・周辺環境を把握する。周辺の建物の用途、高さ、形状、また人・車の交通量、電車やバスなどの公共交通からの利便性。
・電気・ガス、上下水道などのインフラの整備状況。
など現地調査を行う。現地調査は計画・設計にあたって欠かせないものである。

　さらに、

・発注者（運営主体）の要望
・事業計画や建設コスト
・工期、施工方法の検討
　などが挙げられる。

❷ 図書館を配置する

　最も市民が利用する図書館は、市区町村立の公共図書館・地域中心館とその分館である。住民の歩行圏域に適宜設けるものであり、受け持つべき割合を読書需要から設定し、目標貸出冊数を定める。また図書館活動の独自性や地域性も考慮して、図書館の運営方針が決まる。これらにより各図書館の概ねの蔵書数が定まる。これに沿って、図書館の規模などの条件を踏まえた計画として考えることとなる。

❸ 利用率を高める

　図書や資料を身近なものとして、多くの市民に利用を促すことも図書館にとって重要な課題である。建築として人を誘引するような、入ってみたいと思わせる魅了的な空間計画が必要である。コラム②は、歴史的建造物を保存しつつ、図書館の一部として再生したものである。p.38〜39の洲本市立図書館も同様の例である。

　さらに夜遅くまで利用ができるよう利用時間の延長が図られている。秋田市にある国際教養大学の図書館では、24時間利用を可能としている（図1.3）。

　また近年の駅前再開発などにより、商業施設ビルなど

表1.1　建築物の用途制限

用途地域／建築物の用途	第1種・第2種低層住居専用地域	第1種・第2種中高層住居専用地域	第1種・第2種準住居地域	近隣商業地域	商業地域	準工業地域	工業地域	工業専用地域
住宅・共同住宅・図書館	●	●	○	○	○	○	○	×
事務所	×	●	●	○	○	○	○	○
小・中・高等学校など	×	○	○	○	○	○	×	×
大学・各種学校・病院	×	○	○	○	○	○	×	×
劇場・映画館・観覧場	×	×	●	●	○	○	×	×

●は一部制限あり。

概　要　9

【コラム②】
保存・再生された東京都北区立中央図書館

東京都北区立中央図書館は、東京砲兵工廠銃砲製造所275号棟として1919年（大正8年）に竣工。取壊し予定の廃墟と化し多くの工場棟は解体。地元住民の保存運動が始まり、一部が残され北区が買い取り、十条台の中央公園内に移転。改装、増築を経て2008年に赤レンガ図書館として生まれ変わった。レンガには北区内のレンガ工場で製造されたものも用いられ、建物内の鉄骨には八幡製鉄所でつくられたことを示す刻印が残っている。新旧のデザインが一体化しつつ、温かみのある赤レンガは芝生のある公園に調和し、住宅地の中にありながら違和感なく溶け込んでいる。レンガ倉庫部分は一般開架、カフェとして利用。屋根はトラス構造になっているため、館内は柱が少なく開放感があり、明るく広々とした空間になっている。近年、歴史ある建物が見直され、保存や再生の好例として注目される。2009年にグッドデザイン賞（社会領域−公共・文化教育関連施設）、2011年に日本図書館協会・図書館建築賞受賞。（大塚ゆき恵）

と複合し設置される図書館が各地で見られるようになった。例えば神奈川県相模原市の橋本駅前の複合ビル「ミウィ」では、商業施設の上6階に図書館（蔵書数：29万冊、AV資料：1.5万点）、さらに7、8階に500席ほどのホールを設けている。駅前という利便性の高い立地であり、ショッピングの合間や帰宅時の利用など気軽に立ち寄れる施設として、図書館の利用者を増やしている。

またコラム③にあるように、図書館機能のほかに書籍販売やカフェなどを一体に計画して気軽に寄れる楽しい雰囲気をつくり、図書に触れる機会を増そうとした試みもされている。

1.3　図書館関連法規

まず一般法規制を調べる。

図書館も含め、建物の建設に当たっては、建築基準法などの法規制を理解しておく必要がある。

先に述べた用途制限のほかに建ぺい率や容積率の限度、さらに高さの制限など該当する敷地に対して、建設できる建物の用途・規模について制限がかかるため、その限度内で計画する必要がある。

建ぺい率の制限を表1.2、容積率の制限を表1.3、高さ制限について表1.4、道路斜線制限について図1.8に示す。

図書館は単体の建物として建設される場合と、近年、利用者の増加を促すために利便性を高めることを目的に、街の中心や駅の近辺にショッピングセンターやホール、集会施設などとともに複合施設として計画される事例も増えており、これらの法規制を十分理解しておく必要がある。

上記の図書館法に関連した図書館の規模に関する事項を示す。

表1.2　建ぺい率の制限

用途地域 敷地の条件等	第1種・第2種低層住居専用地域 第1種・第2種中高層住居専用地域	第1種・第2種住居地域 準住居地域 準工業地域	近隣商業地域	商業地域	工業地域	工業専用地域	用途地域の指定のない区域
一般敷地（原則）	30、40、50、60のうち都市計画で定める数値	50、60、80のうち都市計画で定める数値	60、80のうち都市計画で定める数値	80	50、60のうち都市計画で定める数値	30、40、50、60のうち都市計画で定める数値	30、40、50、60、70 特定行政庁が都市計画審議会の議を経て定める数値

表1.3 容積率の制限

用途地域 容積率（％）	第1種低層住居専用地域	第2種低層住居専用地域	第1種中高層住居専用地域	第2種中高層住居専用地域	第1種住居地域	第2種住居地域	準住居地域	近隣商業地域	準工業地域	商業地域	工業地域	工業専用地域	用途地域の指定のない区域
一般敷地（原則）	50、60、80、100、150、200		100、150、200、300、400、500					200、300、400、500、600、700、800、900、1,000、1,100、1,200、1,300			100、150、200、300、400		50、80、100、200、300、400
敷地前面道路幅＜12m	上記の割合以下で、かつ、前面道路の幅員（m）×0.4		上記の割合以下で、かつ、前面道路の幅員（m）×0.4（特定行政庁が指定した区域は0.6）					上記の割合以下で、かつ、前面道路の幅員（m）×0.6（特定行政庁が指定した区域は0.4または0.8）					

自動車車庫、地階の住宅、共同住宅の共用廊下などで容積の緩和規定がある。

表1.4 高さの制限

高さ制限の種類	高さの基準点	屋上突出部の扱い	塔屋などの除外限度	参考例	図中 S_1：建築物の建築面積　S_2：塔屋の水平投影面積
道路斜線	前面道路の路面の中心	高さに導入されない（棟飾り、防火壁など）	12m		h_1：道路路面中心からの高さとした場合、建築物の高さ H は、 $S_2 \leq 1/8 S_1$、かつ、$h_2 \leq 12m$ の場合 $H = h_1$（塔屋建築可） $S_2 \leq 1/8 S_1$、かつ、$h_2 > 12m$ の場合 $H = h_1 + (h_2 - 12m)$
隣地斜線	地盤面		12m		h_1：地盤面からの高さとした場合、建築物の高さ H は、 $S_2 \leq 1/8 S_1$、かつ、$h_2 \leq 12m$ の場合 $H = h_1$（塔屋建築可） $S_2 \leq 1/8 S_1$、かつ、$h_2 > 12m$ の場合 $H = h_1 + (h_2 - 12m)$
北側斜線 高度地区の北側斜線 避雷設備の規定	地盤面		0m		塔屋等の水平投影面積 S_2、塔屋等の高さ h_2 数値にかかわらず、$H = h_1 + h_2$ となる。（すなわち、左記の場合塔屋建築不可）
第1種・第2種低層居住専用地域内の絶対高さ（10mまたは12m）制限日影規制	地盤面		5m		第1種・第2種低層住居専用地域内では、 $S_2 \leq 1/8 S_1$、かつ、$h_2 \leq 5m$ の場合 建築物の高さ $H = h_1$（突出可） $H = h_1$（塔屋建築可） $S_2 \leq 1/8 S_1$、かつ、$h_2 > 5m$ の場合 $H = h_1 + (h_2 - 5m)$

図1.8 道路斜線制限

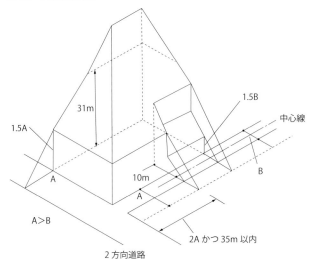

表1.5 図書館の規模と蔵書数基準

図書館として機能し得るためには、蔵書5万冊、専任職員3名が最低限の要件となる。このとき、図書館の規模としては800㎡が最低限必要となる。これは地域館を設置する場合においても最低限の要件である。

延べ床面積	人口 6,900人　　未満 1,080 ㎡を最低とし、 人口 18,100人　までは1人につき 0.05 ㎡ 　　　46,300人　までは1人につき 0.05 ㎡ 　　　152,200人　までは1人につき 0.03 ㎡ 　　　379,800人　までは1人につき 0.02 ㎡を加算する。
蔵書冊数	人口 6,900人　　未満 67,270冊を最低とし、 人口 18,100人　までは1人につき 3.6冊 　　　46,300人　までは1人につき 4.8冊 　　　152,200人　までは1人につき 3.9冊 　　　379,800人　までは1人につき 1.8冊を加算する。
開架冊数	人口 6,900人　　未満 48,906冊を最低とし、 人口 18,100人　までは1人につき 2.69冊 　　　46,300人　までは1人につき 2.51冊 　　　152,200人　までは1人につき 1.67冊 　　　379,800人　までは1人につき 1.68冊を加算する。
基準値の算出例 例えば人口5万人の自治体の場合、必要な延べ床面積の算出は、下記の計算により、3,161㎡となる。 $1,080 + \{(18,100 - 6,900) \times 0.05\} + \{(46,300 - 18,100) \times 0.05\} + \{(50,000 - 46,300) \times 0.03\}$ $= 1,080 + 560 + 1,410 + 111 = 3,161$

公共図書館では、日本図書館協会で自治体において人口規模や面積、人口密度などに応じて地域館や移動図書館を設置・運営し、図書館システムとして整備を進めていくことが必要であるとし、最低限の要件として蔵書5万冊、専任職員3名、規模として800㎡と示されている。なお人口と延べ床面積、蔵書冊数、開架冊数との数値基準を表1.5に示す。

また大学図書館では、国立大学においては国立学校設置法によって規定されていたが、国立大学法人化に伴い独自に運営が検討され、また私立大学では、大学設置基準が根拠となり、図書館または図書室の設置が義務づけられている。その中で建築計画と関連する設備などについては、適当な規模の閲覧室、レファレンスルーム、整理室、書庫などを備え、学生の学習および教員の教育・研究のため十分な数の座席を有することが求められている。閲覧室においては、学生総数の10%以上の座席を設けることとされている。

1.4　図書館の構成

❶ 図書館の機能と諸室

図書館の基本的な機能は、図書、雑誌、新聞やマルチメディアの収集、分類・整理・保存、それらの貸出し、レファレンスサービスさらに相互貸借であり、集会などにも供することである（図1.9）。そのために建築の基本的構成は、蔵書保管のための書架・書庫、閲覧室、ブラウジングコーナー、集会室、分類・貸出し作業室、事務・管理関係の諸室からなる（図1.10）。

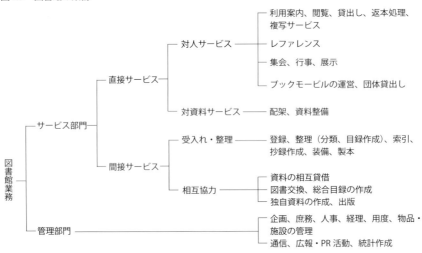

図1.9　図書館の業務

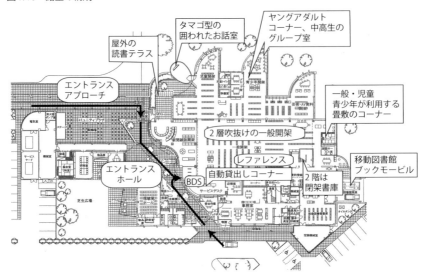

図1.10　諸室の構成

なおレファレンスサービスとは、利用者が求める資料や情報を得るための援助のことで、その情報等を得るために必要な資料の所在を調査したり、その情報等を得るために必要な資料の使い方を説明したりすることである。レファレンスサービスは図書館にとって重要な役割をもつものである。

また、コラムにも記載した通り、近年の図書館利用者の高齢化が著しいことも含め、バリアフリーや視覚・聴覚・肢体などハンディキャップがある利用者への対応や、一方で10代の青少年を対象とした資料やスペースの提供など、ヤングアダルトの交流の場や機会を提供することも考慮する。

❷ 出納システム

図書館で利用者が目的とする図書や資料を手にするための方法で、利用者が書架から自由に直接本を取り出す開架式と、利用者が目録などによって本を選び館員に取り出してもらう閉架式があり、この2つの方法が主なものである。開架式では、利用者が目的とする分野の書架で手に取って図書の内容を閲覧したり、関連する図書も一目できる。一方で、図書の損傷や紛失は免れない。しかし利用者の利便性や活字離れが進む現状では、読者を増やすきっかけとなり、住民利用を主とする地域中心館やその分館では、開架式が望ましい。閉架式は、閲覧・貸出し手続きが煩雑であり、また目録のみの検索では手に取った図書が期待外れであることもある。しかし貴重な資料や高価な図書は、開架式に比べ損傷や紛失が少な

図1.11　出納方式と閲覧スペース

	開架式	閉架式
平面パターン	閲覧スペース	閲覧スペース
選択貸出しの手続き	閲覧者が本を自分で書架から取り出して選び、そのまま検閲を受けずに閲覧できる。	閲覧者は直接書庫に接することができず、目録などによって本を選び、館員に取り出してもらう。貸出記録の提出を必要とする。
書架まわりの計画	・図書資料の所在がわかりやすいように書架配列と表示に留意する。 ・書架の間隔はゆったりとり、気持ちのよい室内環境にする。 ・返却時の書架配列の乱れを防ぐために返却台を置く場合がある。	・コンパクトにまとめる。 ・書庫内での館員の動線が能率よくなるように配慮する。 ・防災・防湿など書庫独自の室内環境の保持を考える。

い、この方法がふさわしいといえる。

開架式とするか、閉架式とするか、また両者をどのくらいの比率で用いるかによって、図書館の建築計画は大きく変わる。特に、開架式の場合、移動書架や電動書架は用いにくく、書架間のスペースや書架の高さの制限から同じ蔵書数であっても閉架式に比べ広いスペースを要する（図1.11）。

なお後述（p.24）のBDS（book detection system）の導入により、図書の紛失・盗難が減り、出納システムも地域中心館や分館を中心に開架式となってきている。大学図書館においても蔵書の約半数は開架式である。

【コラム③】
新たな試みとしての武雄市図書館

武雄市図書館は、自然に囲まれたのどかな街の中にある。図書館でありながら年中無休で開館時間は午前9時〜午後9時、東京代官山の蔦谷書店をモデルにつくられ、お洒落で洗練された空間になっている。従来の図書館は飲食、私語禁止だが、武雄市図書館には書店、コーヒーショップが併設され、購入したコーヒーを飲みながら本を読むことができ、またカフェスペースでは会話はもちろん子どもに絵本の読み聞かせもできる。2階には静かに過ごせる学習室があり、1階全体を見渡せるキャットウォークというアーチ状にせり出したカウンター席には、コンセントがついているためパソコンを持ち込んでの作業もできる。本を借りるだけでなくCDやDVDもレンタルしており、書籍販売も行っている。武雄市民でなくとも利用カードをつくれるため、県外から訪れる人も多い。市民に親しまれる図書館としての一つの試みといえよう。2013年にグッドデザイン賞　金賞を受賞。（大塚ゆき恵）

②設計・計画

2 設計・計画

2.1 基本計画

図書館の構成や規模は、運営の方針や蔵書の数によって決定される（1.3参照）。ここでは図書館建築の一般的な計画の留意点を示す。

- 市民・利用者が入りやすく、入りたいと思う空間にすること。開口面を大きくとるなど、図書館の内部の様子や雰囲気が外部に表出するような外観デザインを工夫する（図2.1）。
- 入口から図書資料が一望できる開放的で明るく、空間の広がりを感じるものとする。
- 資料の入替え、配置替えなどに対応できるフレキシビリティのある平面計画とする。

平面構成をなるべく単純化することにより、図書資料の所在のわかりやすさを高める。不必要な箇所を行ったり来たりすることのない動線計画は、利用者のみならず職員のサービスの効率化にも繋がるものである。

- バリアフリーの観点のみならず、資料のスムーズな移動に考慮して不必要な段差を避ける。
- 図書館は子供から高齢者まで不特定多数の利用者があり、それらに対応した児童閲覧室、ヤングアダルトのためのスペース、女性コーナー、コミュニティサロンなど多様な場を計画する。
- 図書館の重要なサービスであるレファレンスは、利便性を考慮して建物の中央に配する。
- 書架などの設置に当たっては、転倒防止など安全性を確保する。
- 図書館は利用者の滞在時間が長い施設であるため、落ち着いた静かな空間の雰囲気はもとより、照明や空調設備なども含め快適性のある空間計画とする。
- 敷地選定や配置計画に当たっては、将来の蔵書数の増加に対応するため、ゆとりある計画とするとともに、増築に備えたスペースをある程度確保しておく。

❶ 配置計画

図書館を設置するための敷地が比較的確保しやすい都市の郊外や地方都市においては、図書館として独立した建物となる例が多い。立地についても、公園など静かな自然環境が得られやすい場所や庁舎、劇場、美術館などが集まった公共施設ゾーンに建設されることが多い。図書館建築としての独立性が保たれるため、主体的な運営や空間計画が可能である。また、図書館周囲の植栽などランドスケープデザインも快適な読書環境を創出するうえで重要となり、こうした外部空間も積極的にデザインしやすい。

図2.1　内部の様子が外部に表出する外観デザイン

図2.2　配置によるタイプ

配置によるパターン	分棟タイプ	接地タイプ	分離タイプ	向い合せタイプ	中間階タイプ
	一体の敷地のなかで別棟とするタイプ	複合施設のなかの主に1階部分を専有するタイプ	複合施設のなかで入口を全く別に有するタイプ	ほかの施設とアプローチを共に有するタイプ	高層の複合施設の中間階や高層階に設けるタイプ
メリット・デメリット	庁舎やほかの文化施設など一つのゾーンの中に独立して建てられた図書館であり、市民の利便性を高めている。図書館の運営は単体の図書館と同様である。	大学図書館に見られるような上階に教室や研究室やほかの地域施設があるものなど、アプローチや動線を分離工夫する必要はあるものの、運営上の問題は少ない。	建物は一体であるが全く分離されており、アプローチが異なっているもの。図書館としての運営、機能について問題はない。	ほかの施設と中庭やモールを共有しアプローチするもので、複合施設として空間的に一体感が創出できる。利便性は高く、図書館の運営にも問題は少ない。	地域施設や商業施設など高層建築のなかに図書館があるもの。駅や商店街など街の中心にあり、利便性は極めて高い。利用者や運営上、ほかの施設との住み分けの工夫が必要である。

一方で、土地の高度利用が求められる都市部においては、ほかの公共施設や商業施設との複合施設内に図書館を設ける事例が増えている。図書館利用の面から見れば、ほかの施設利用が目的であっても図書館への立ち寄りの機会を促すことになり、利用者の増加が見込まれる。しかし独立した運営組織としての活動を妨げない配置構成の計画が求められる。

いくつかの配置パターンとその特徴を示す（図2.2）。

❷ 広域参考図書館

都道府県立の図書館であり、蔵書数は150万冊前後である。図書資料も多岐にわたり、部門別に開架式の閲覧室と閉架式の書庫からなる。利用者はエントランスホールから、新聞や雑誌のコーナー・閲覧室を経て、図書資料の閲覧室に入るのが一般的である。図書資料も書籍から電子メディアなど視聴覚資料まで、多岐にわたる資料に対応した諸室が必要となる。またそれぞれの都道府県の産業や歴史などの郷土資料、行政にかかわる資料を収集・展示・保存し、公開するためのスペースや展示室、集会室のほか講演会などにも対応した講堂、長時間の滞在者に対応するための休憩・喫茶・食堂なども併設する（図2.3）。

・宮城県図書館（設計：原広司＋アトリエ・ファイ建築研究所）は、仙台市の郊外の丘陵に東西に細長くチューブ状に配置されたもので、中央通路に沿って開架書棚が並んでいる。蔵書106万冊（p.46～47参照）。

❸ 地域中心図書館

市民に最も密着した図書館であり、それぞれの市区町村の中心となる公共図書館である。機能構成としては、児童閲覧室・コーナーを含む開架貸出室、視聴覚資料室、郷土資料室、大・小集会室、閉架書庫や休憩室を設ける。また不便な場所の居住者に対して、図書資料の利用の利便性を図るための移動図書館（ブックモービル）の車庫などを設置する。図書館の空間計画として親しみやすい雰囲気を演出する。

全体の規模は、蔵書数に対して概ね50冊/㎡で算出する。なお90cm幅の書架で、1段当たり児童書45冊、その他で30冊程度が目安となる（図2.4）。

・日野市立中央図書館（設計：鬼頭梓建築設計事務所）は、郊外の雑木林に囲まれた静かな環境の中に庭を囲むように配置され、吹抜けの開架式の閲覧室と児童室が面している。2階にレファレンス、郷土展示資料室、集会室がある。地下に書庫とブックモービルの車庫がある。オープンで明るい空間の建築である。蔵書12万冊（図2.5～2.6）。

図2.3　広域参考図書館の機能構成図

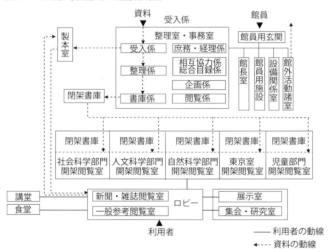

図2.4　地域中心図書館の機能構成図

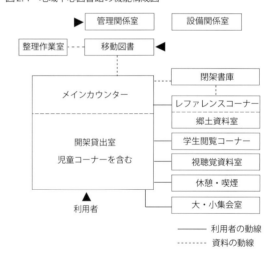

図2.5　日野市立中央図書館内観

図2.6　日野市立中央図書館平面図（鬼頭梓建築設計事務所）

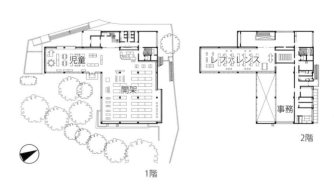

❹ 分館

最も居住地の近くにあり身近なものとして、児童から大人まで利用する図書館である。そのため自由に図書や資料が手に取れる開架式とする。また児童にとっても身近に図書に接する空間として、気軽に楽しく閲覧できるように閲覧スペースを寝転ぶことも可能なカーペット敷きとしたり、色彩もカラフルに明るいものとする。当然話し声などの騒音も発生するので、一般の閲覧室とは分離して児童コーナーとして設ける。そのため機能構成も開架貸出室、貸出作業室、集会室程度の単純な構成のものとなる。親しみやすい空間の工夫が求められる（図2.7）。

なお分館の場合、公民館、児童館など他の公共施設の建物に併設されているものも多く、また市区町村の図書館の運営方針や人口の大小や地域面積などにより、分館と称していてもその規模はかなり異なっている。

❺ 大学図書館

大学、短大に付属する図書館で研究図書、学習図書、保存図書を蔵書している。日本の大学でも、例えば早稲田大学の図書館では蔵書が500万冊を数え、公共図書館と比べても圧倒的な数を有している。

- 実践女子大学図書館（設計：高橋靗一／第一工房）は、大規模な吹抜け空間の中に逆ピラミッド状に書架が並べられて、書籍を一望できる構成となっている。蔵書33万冊（p.44〜45参照）。
- フィリップ・エクセター・アカデミー図書館（設計：ルイス・カーン）は、中央の大きな吹抜けに面して巨大な円窓があり、整然と並んだ書架を劇的に見せている。人と本の出合いを演出した空間がある。

特定の分野の専門書やフィルムライブラリーなどの専門図書館や保存図書館がある（図2.8〜2.9）。

❻ 防災計画

幼児から高齢者まで多様な年齢層が利用する公共図書館では、非常時に安全に避難できる計画とすることが求められる。特に書架のまわりは、蔵書の落下などにより通路が塞がれるおそれがあり、避難できる通路・階段・車椅子のための避難経路を確保する必要がある。しかし、全体の計画において入りやすい入口や十分な明るさの確保、わかりやすく利用しやすい空間構成など、日常的な図書館機能の利便性を考慮することで達成できる部分も多い。

利用者や職員が自由に動きまわることができ、資料や機能の変化に対応できる自由度が確保され、車椅子利用者も行動しやすい平らな床は、図書館建築にとっての基本である。

床にレベル差がなければ、つまずくなどの日常生活における事故は軽減できる。

基本的な避難計画として、以下のことに留意する必要がある。

①避難経路を単純化する。
②2方向（以上）避難の避難経路を確保する。
③平面計画上バランス良く階段を配置する。
④避難経路と通常動線を一致させ、また常時から認知されやすい計画とする。
⑤避難経路を考慮した防火区画や排煙区画とする。

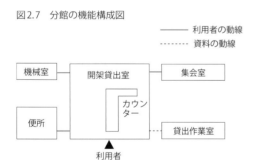

図2.7　分館の機能構成図

図2.8　フィリップ・エクセター・アカデミー図書館内観（左）とキャレル（右）

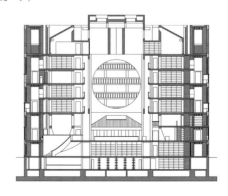

図2.9　フィリップ・エクセター・アカデミー図書館断面図（ルイス・カーン）

2.2 各部の計画

❶ 閲覧室

図書館における閲覧室は、図書館の種類や出納システムによって違いがある。開架式を採用し、幅広い利用者を対象とする公共図書館では、開架書架スペース、一般閲覧室、児童閲覧室、ブラウジングルーム（新聞・雑誌の閲覧室）、レファレンスルーム（コーナー）、目録室、PCコーナー、軽読書スペースなどで構成されている。くつろいだ雰囲気を必要とするブラウンジングルームと静寂が必要なレファレンスルームなど、それぞれ空間の雰囲気と繋がり、そして一体感が重要になってくる。

閲覧机・書架などの間隔は、本来独立して決定されるものだが、フレキシビリティのある空間のためには、閲覧机・書架などがある基準寸法の整数倍で計画できることが望ましい。書架1連の長さが90cmを基準寸法にすることが一般的である。木製の書架では棚板のたわみから75cmなどを用いることもある（図2.10）。

①一般閲覧室（図2.11）

空間の構成として、静かで落ち着いた雰囲気が重要であり、他室への通過のための交通路にならないようにする。十分な採光・照明が必要だが、直射日光については十分考慮が必要である。1つの閲覧室は、100〜150席程度として計画をし、できるだけ間仕切りを設けずにワンルームを形成することが望ましい。利用対象者別や資料の利用レベル別などに分ける場合は、家具等で仕切る。ただし、規模の大きな図書館については、中・小閲覧室に分散する必要がある。成人用閲覧室の床面積の基準は、2〜3㎡/人程度であり、閲覧机については間口900mm、奥行600mmとして計画する。開架式における書架の配置において車椅子使用者が自由に通り抜けられる幅1,200mmを確保する必要があり、1,800mm確保できれば車椅子使用者同士のすれ違いが可能になる。

閲覧室の構成は4つに大別できる（図2.12）。

ⅰ）壁面のみに書架を配置するタイプ（プラン1）：資料が少なく席数が多い閲覧室に適している。

ⅱ）書架でつくられたアルコーブの中に机を配置するタイプ（プラン2）：快適な空間を提供できる反面、書架を検索する人と机を利用する人との関係が難しく、特殊な閲覧室向きである。

ⅲ）ⅰ）に中置きの書架を追加して配置したタイプ（プラン3）：席数に比べて資料数が多い閲覧室に採用される。

ⅳ）すべて中置き書架として読書席を壁際に配置したタイプ（プラン4）：資料数・座席数ともに多い閲覧室に用いられる。

閲覧室の概略面積は、資料数・座席数・書架間隔から、次式で求められる。

$$A = (a/n + b/m)\alpha$$

A：閲覧室面積（職員のデスク、休憩のスペースなども含む）
a：資料数　b：席数
α：余裕度（1.5〜2.0程度）
n：単位面積当たり資料収容力
m：単位面積当たり利用者収容力

②開架書架スペース

公共図書館の多くで大きな一室空間として計画されており、閲覧のための機能とできるだけ間仕切りをしないで連続させる。これは利用方法や方針の変更により、各

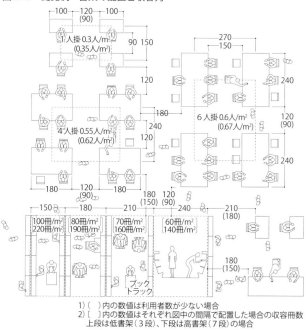

図2.10　閲覧机・書架の配置と収容力
1）（ ）内の数値は利用者数が少ない場合
2）〔 〕内の数値はそれぞれ図中の間隔で配置した場合の収容冊数
上段は低書架（3段）、下段は高書架（7段）の場合

図2.11　一般閲覧室

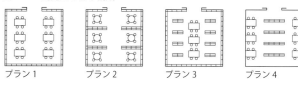

図2.12　閲覧室の基本構成

設計・計画　19

サービスのバランスが変わることへの対応である。例えば、近年の公共図書館では、館内閲覧から貸出し重視に変わってきている。貸出しと閲覧は、座席主体から書架主体にといったことが挙げられ、開架貸出室（開架閲覧室）として計画される。利用者が図書を探しやすいように、書架を中心にゆったりと計画し、壁面部以外の書架の高さを1,200mm程度に抑えるなど考慮し、座席を最小限にするというように全体の構成も変わってくる。

③児童閲覧室（図2.13）

絵本や、児童書を中心に集めた専用の空間である。その対象は、乳幼児から小学生ぐらいまでと幅広い。そのため蔵書の種類は図書・雑誌から絵本・紙芝居など多様である。

従来では、成人が利用することの多い一般閲覧室から離し、出入口を別にするなどの工夫をしている。長時間にわたり読書するので、書架と読書スペースが一体となる開架式を用い、開架書架は身体的寸法を考慮して、成人用より低いものを用いることが多い。一般に単位面積当たりの収容能力は低くなる。

児童閲覧室といっても様々な年齢の子供が利用するので、年齢に応じてスペースを分け、それぞれのスペースの書架の近くに閲覧机を配置することが望ましい。幼児と児童は人体寸法も行動特性も大きく異なる。そのため、「2歳以下の乳幼児」「3歳以上の幼児」「小学校低学年」「小学校高学年」のようにスペースを分けることを検討する。書架や家具の寸法も、それらに合わせて準備する必要がある。

また、一般閲覧室の中に計画する場合でも、成人が利用するエリアと分けて計画するなど児童の利用に配慮した計画が必要である。親子での利用が多いことが予想されるため、大人の利用も考慮する必要がある。子供同士や親と子のコミュニケーションを前提とするため、声を出すことを当然として計画する必要がある。いずれにしても床材の種類、他のエリアとの距離や位置関係を十分検討する。

また、動的な利用の場や映像を扱う空間などと合わせて計画する場合も見られるようになり、遊びと教育の両面をもつ各種のプログラムが必要である。

図2.13　児童閲覧室

図2.14　ヤングアダルトコーナー

図2.15　書庫内キャレル・共同研究室・研究個室の基本寸法

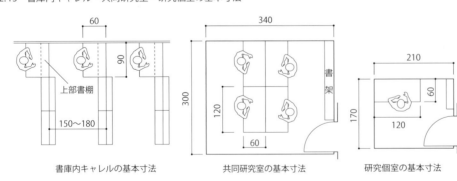

図2.16　キャレルの配置

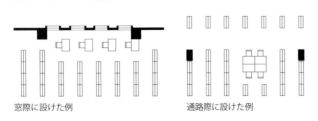

図2.17　共同研究室のモデル

④ヤングアダルトコーナー（図2.14）

　中学生・高校生など児童と青年の中間に位置する年齢層を対象とする。青少年向けの図書、雑誌など多様な資料を置いて、年齢にあった情報を提供する。親しみをもてる空間とする。児童とは違うという意識を大切にし、児童閲覧とは少し別の空間構成とするなど、成人資料へのスムーズな移行を手助けする。また、交流の場としてたまり場などをしつらえることもある。

⑤キャレル・共同研究室・研究個室（図2.15〜2.17）

　個室単位の作業環境であり、一定期間資料を専有し利用・研究ができる場を指す。個別のブースタイプや個室・スペースの共同利用タイプなどがある。個室や個別のブースをキュービクル・キャレルと呼ぶ。キャレルが隣り合ったり、向かい合ったりする場合は低いスクリーンなどを設けてプライバシーが保たれるようにする。書庫内に設ける場合、ほかから妨げられない位置に設ける。

　個室として設ける場合は、パソコンなどの利用のため電気設備、壁の遮音性が求められる。また、一定期間専有利用するため施錠可能にするが、目的外使用の防止のため、出入口から利用の様子がわかるようにデザインすることも必要である。

　共同研究室として設ける場合は、数人による資料の利用とともに目の不自由な人に読み聞かせるための対面朗読室としての利用も期待される。複数の室を計画する場合、1室に複数の視聴覚器材が利用できる設備を設けることが望ましい。他室への考慮から遮音には、特に考慮する必要がある。

　読み聞かせについては、対面朗読室として別途計画する場合もある。採光が得られる部屋として、壁と扉をガラス張りにすることが望ましい。また、朗読を録音する機能を有し、遮音性に留意する。

⑥視聴覚・資料室

　資料の形態が印刷資料と異なり、利用に機器を要することからまとめて配置する。特に映像や画像、楽曲などは電子化されたメディアが中心であり、モニターやパソコン上での再生が主流である。ネットワークの利用などを考えると、空間としての確保については利用の形態から検討する必要がある。具体的には個人単位、数人、集団による対応であり、そのための什器や、ブースの提供である。映写フィルムのための装置や空間など、家庭では体験しにくい場としての演出・機能を含んだ空間づくりも考えられる。

　さらに、各機器からの音声や光が他の妨げにならないような配置の検討が必要である。変化の著しい分野の一つであり、空間には設備面も含めたフレキシビリティが要求される。

⑦レファレンスルーム（コーナー）

　館内の図書の分類やその所在、内容などを検索できる。レファレンスルームは、利用者の調査・研究用の参考資料や機器を備え、かつ、質問に応じたり助言などをする目的で設けられる部屋である。開架室に連続した一部として設ける場合と、開架室の近くで独立または半独立の形で設置する場合とがある。いずれも館内の中心的な位置で落ち着いた場所がよい。

　専用のレファレンスカウンターを設けない場合は、目録室および出納デスクの近くで、できるだけ静かな区画にコーナーとして配置する。カウンター（デスク）として計画する場合は、一般の出納カウンターと同様の機能を持たせる。利用者がある程度まとまった時間、椅子に座ってサービスを受けられるとよい。いずれにしても、専門的な知見をもつ人的なサービスを提供する場として計画する。

　また、データベースアクセスなどが併用される場合も多い。OPAC（Online Public Access Catalogue）によって電子目録を用いた検索は、他の図書館を含めてネットワーク化され、利便性が高くなっている。従来は、専用の端末を用いていたが、パソコンを用いて提供される。

　個人の情報やプライバシーの問題もあるため、配置やモニターの向きなど工夫が必要である。

⑧ブラウジングルーム（コーナー）

ⅰ）新聞・雑誌室：新聞や雑誌の閲覧を主目的とした空間であり、くつろいだり、気晴らしに利用するなど他の空間と違った特徴がある。大規模な図書館では専用室を設ける。人の出入りが多く、若干騒々しくなるので、他の室から離して計画をする。雑誌などのバックナンバーや新聞のストックを、その場にどの程度置いておくか同時に検討する必要がある。そのため1階の出入口近くに設けるのが一般的である。その場合、外の様子が楽しめる空間的な工夫が望まれる。

ⅱ）軽読書コーナー：気軽に本や雑誌を、くつろいだ気分で読むことができる。家具もゆったりとしたものを用いる。開架閲覧室の中で、外部に面した環境のよい場所が望まれる。外部から見やすい場所にとると、利用者を引きつける要素としても活用できる。

【コラム④】

OPAC（Online Public Access Catalogue）

　コンピューター化された閲覧目録であり、書誌的記録は機械可読形式でデータ化され、オンラインによる対話方式で検索を行うものである。利用者が直接端末機を操作し、資料を検索できるよう設計されたものである。多数の検索項目や多様な検索方法、それらの組合せ検索が可能であり、ネットワークに接続されていれば、図書館の外部からも検索可能である。他の各種ファイル（発注、受入れ、貸出しなど）と連結して、それら各種の情報を提供し得ることなどが長所として挙げられる。

⑨郷土資料室

　公共図書館の郷土資料室として計画されることが多く、郷土に関する資料をまとめている。資料の形式は、一般書・雑誌・行政資料・文書や実物資料など様々であり、配架に注意が必要である。実物資料の展示スペースを設けることが多い。

⑩貴重書・古文書室

　資料の紛失に注意し、専用の空間を設ける。閲覧は複写物を用いることが多く、実物の閲覧のためには、一般の閲覧室とは分離した個室または専用の空間として準備する。資料の保存庫は、特に防火・防湿の設備を整える必要がある。

⑪資料の搬送

　館内における蔵書・資料の移動は、次の行為が挙げられる。

・受入れ→整理→配架
・資料返却→再配架
・閉架書庫→貸出し・返却
・複写・相互貸借→移動・転送

　搬送には、随時・個別・少量で行う場合と一定量まとまってから行う場合とがある。一般的には、ブックトラックに載せて運搬するため、人と同時に乗れる昇降機を設けることになる。

　資料の搬送量が多くなると、省力、短時間での搬送のために機械化の検討が必要となる。

⑫ブックトラック（図2.18）

　主に、蔵書の整理・運搬などに利用する。開館時間内での利用も想定されるため静音性が期待される。また、複数の蔵書を移動するにあたり、1人でも利用しやすい操作性と旋回性が求められる。それは床の仕上げとの関連が大きい。また、返却された蔵書を整理し書架に戻す前に、ほかの利用者が閲覧しやすいような展示スタンドのような機能を有するものもある。ICTの活用により、ブックトラックにICタグを読み取る機能を有するものなど利便性が向上している。

図2.18　ブックトラック

⑬移動図書館（ブックモービル）

　従来、分館や分室を設置できない地域へのサービスとして自動車で地域を巡廻し、貸出しや予約のサービスなどを行っていた。移動図書館とも呼ばれている。近年では、施設の充実や管理の問題から利用が減っているが、教育施設や高齢者福祉施設への図書の提供に利用されるケースもある。

⑭ラーニングコモンズ

　大学図書館などで積極的に導入されている。学生が単独で文献を調査・閲覧する施設から、より活発的な利用促進を手助けするものとして計画されている。具体的には、複数の学生が集まって、電子情報や蔵書を含めた様々な情報資源から得た情報を用いて議論を進めていく学習ができる「場（空間）」である。単にコンピューター設備や印刷媒体を提供するだけではなく、それらを活用する学生の自学自習を支援する職員がいる。さらに人と情報の接点だけでなく、人と人を繋げるコミュニケーションの場としての期待もあり、ICT技術の活用により、従来の図書館にはあまり見られなかった情報提供を行う。また、飲食ができる空間やグループ単位で協議できる空間、考えを深めるための空間など幾つかの空間的な特徴を有した計画が望まれる（図2.19）。

⑮仕上げ

　床の仕上げは、要求される性能について相反するものが多く、検討すべき重要な課題である。

　転倒に考慮して柔らかい素材を用いると、車椅子やブックトラックの車輪が引っかかり利用しにくい。逆に

図2.19　ラーニングコモンズ

【コラム⑤】
ICT（Information and Communication Technology）
　情報・通信技術に関する総称である。ITと同義語として用いられることが多いが、特にコンピューター技術の活用に着目して使われる。蔵書の管理だけでなく什器にと連動させて利用者の状況や利便性を図るものとしての導入を検討されている。

硬い素材を用いると、歩行音の発生や滑りやすくなり転倒のおそれが出てくる。結果として、毛足のあまり長くない目のつんだものが歩行感と車輪の走行性のどちらにもよいということになるが、空間の魅力に欠ける場合もある。経年による表面の劣化が起こることも考慮して、しっかりとした素材を選択しなければならない。

子供が利用する場所については、どこでも腰を下ろせるなどの自由度を高めた計画とする場合、カーペットの利用がよいが、清潔度を選択するのであればフローリングという考えもある。

いずれ、空間の特性に合った素材を組み合わせるときは、十分に検討が必要である。

❷ バックスペース

職員が利用する空間は、蔵書に関する作業の空間、執務空間、閉架書庫の3つのブロックに大別して考える。

主に、蔵書に関する作業空間では、搬出入、検品、登録、修理保存、雑誌のバックナンバーの整理、返却本の整理、閉架書庫からの取出し、返却などを行う。

一般的な規模の図書館では、人力による蔵書の搬送が主体であり、移動の軽減から動線のコンパクト化を考慮する必要がある。大規模な図書館では、機械搬送化による省力化を図ることがある。しかし、人力と同様に動線、ゾーニング上の隔離の解消は重要である。

執務空間は、中小規模なら作業室と一体化したほうが効率的である。デスクワークと立ち作業などの利便性も考慮して、全体を計画する。休憩スペースなども必要となる。

企画、研究、調査などを行う空間が必要な場合もあり、来館者を支える職員のためのオフィス環境の向上を目指す工夫がいる。

来館者のアプローチと職員専用の出入口、搬出入車の出入口を分ける。開架閲覧の空間との連絡をよくするなど、空間の快適さとともに、計画上考慮する課題が多い。

①閉架書庫（図2.20）

開架閲覧と異なり、一般の利用者との接点ではなく、職員がいかに効率よく利用できるかが重要になる。閉架書庫は、容積や経済性の観点と、他の空間との関係から有限の空間を効率的に使い、収容量を上げる工夫が必要となる。書架を上下に積み、中間デッキを組んだり、可動式の集密書架、通路の寸法、蔵書の取出し・返却の容易さ、移動距離を少なくするなどいずれも重要である。収容力の大きさと、出納の利便性のバランスを工夫する。

許可を得た来館者が活用する、半閉架の方式もある。この場合は、安全対策、資料の劣化防止などを考慮する必要がある。

②カウンター（図2.21）

図書館の案内・登録や貸出し・返却の手続き・リクエストの受付・読書相談・レファレンスなど、図書館における利用者と職員の重要な接点である。バックスペースとの緊密な連絡も必要であり、施設計画の要の一つである。

多くの機能が要求されるが、限られた人員で効率的運用のためにカウンター業務は極力集約され、メインのカウンターとして一つにまとめられることが多い。しかし、施設の規模が大きくなると各々の機能が分化し、独立したカウンターをもつようになる。レファレンスカウンターがその一つである。また、常時職員を配置できなくても児童閲覧室にカウンターを置き、時折そこで対応することも行われている。

カウンターは、出入口に近いところに配置し、開架閲覧を中心とする場合は、開架書架や閲覧室を見渡せるようにするのが一般的である。人の出入りが把握でき、利用者からもわかりやすい位置が望ましい。カウンター前にスペースを確保し、人の滞留に備える必要もある。また、管理・事務用の動線と利用者の動線の分離に加え、職員数・書架・閲覧室との関係も重要であり、背後に事務スペースを準備すると整理作業などの際に便利である。

カウンターの大きさは、作業内容やピーク時の利用状況・職員数などを考えて余裕のある寸法が必要である。

図2.20　閉架書庫内

図2.21　カウンター

対応する職員の1人当たりの幅は2,500mm、奥行は700mm程度を標準とするが、レファレンスカウンターでは、資料を広げるなどの行為を考えて広めにする。また、貸出しなど利用が限定されている場合600mm程度でもよい。高さは、子供や車椅子使用者に配慮して、700〜800mm程度とする。職員が座って対応する場合はやや低めに、立って対応する場合はやや高めにするのが適切である。

カウンターと入口の向きの形状は、配置計画によって異なってくるが、大きく3つのタイプに分けられる。入退館者・館内の様子が把握できるとともに、利用者に監視されているという心理的負担を与えにくい横向きと館内を向くタイプが望ましいといわれている（図2.22）。

安全管理の面から、以下の3つが考えられる（図2.23）。
・入口で監視を厳しくする。
・入口の外側にロッカーを設けて、私物を持ち込ませない。
・BDSを使用する。BDSは、利用者の持ち物のチェックの必要がなくなるので、館内を比較的自由に利用できる。

③BDS（ブックディテクションシステム）（図2.24）

電波で感知して、貸出し処理のされていない資料の館外への持出しを防止するシステムである。一般にカウンターと出入口の間に設置する。

図書館における蔵書の盗難防止は重要な事項であり、そのために入退館者の管理をきちんと行う必要がある。ゆえに、出入口の動線を1カ所に集中させ、利用者には、エントランスなどに準備したロッカーに鞄等を預けて利用することを義務づけていた例が多い。しかし、BDSの採用により、蔵書の管理が行いやすくなり、以前と比較して利用者は私物を館内に持ち込みやすくなった。その結果、ロッカーの設置数が少なくてすむようになった。

BDSには、蔵書に貼付されたテープの磁気を消磁することで持出しを可能にするテープ式と、蔵書に貼付したブックカードの抜取りにより持出しを管理するカード式がある。ともに蔵書の管理を効率的にしている。

利用には、配置の方式が需要である。フルサーキュレーティング方式が一般的であり、利用者が職員に蔵書を渡し、消磁・カードの抜取りにより、ゲートを通り抜けるものである。バイパス方式は、利用者が蔵書を職員に渡し、ゲートを通過したのち受け取るものである。利用者と職員の接触が多くなる分、その付近での混雑等が予想され、BDSは規模の大きな図書館には向かないとされている。どちらにしても平面計画に少なからず影響する。

④書庫の配置

構造的な条件や空間的な演出が他の部分と大きく異なるため、書庫をどのように配置するかが重要となってくる。従前は、書庫を独立させて配置することが多く見られたが、館内の様々な部分との結びつきから一体として計画することが近年の主流となっている。

その位置は、利用の視点から考えると、開架閲覧室・レファレンスとの関係から検討するということになる。開架閲覧室とレファレンスを別の階に設ける場合、書庫との関連が深いレファレンスと接続するように計画する

図2.24　ブックディテクションシステム

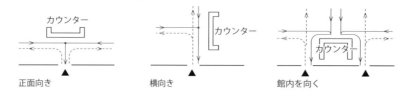

図2.22　入口とカウンターの向き

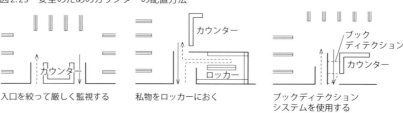

図2.23　安全のためのカウンターの配置方法

ことが効率的であると考えられる。また、閉架書庫は、書庫内での出納の作業が多いことから、複数の階にまたがるよりも平面的に広がっているほうが利用しやすいという認識がされている。次の2つに分類できる。

ⅰ）縦型配置

書庫を垂直に積み重ねるタイプで、書庫を他の部門から独立させる。収容量から見ると、一般に、移動式書架（可動式書架）は400冊/㎡以上、閉架書架は200～250冊/㎡程度、閉架書架は170冊/㎡程度の蔵書量がある。

ⅱ）横型配置

1層または複数の階に渡って全面的に書庫をとったタイプで、書庫を上階にとるタイプと下階にとるタイプとがある。平面的にゆったりとした閲覧階を設けることができる。

使いやすい書庫として、(a)できるだけ多層せずに平面的に広げる。(b)正方形に近い平面形のほうが収容力で有利。(c)出納のためのステーションは書庫の重心に設ける。(d)書架は、書庫の短辺に平行に並べると庫内の歩行距離が短くなる（図2.25）。

書庫の配置については、構造的には重量の重い書架はできるだけ低い位置にあることが有利である。1階を主階として利用者のための空間に使用することが多く、書庫はさらに下階に配置することになる。これが地下に書庫を配置する理由だと考えられるが、以下の対策が必要である。

書庫の防水・防湿対策を行うこと。土に接する壁を二重にしその中間部を換気することで、外部からの水・湿気を防止する。地下の書庫は、温湿度の変化幅が小さいという点では蔵書の保存に非常に有利であり、人間が出入りしない閉館時の空調設備費の節減にも繋がる（図2.26）。

書庫は、その位置にかかわらず適切な温度・湿度を保ち、防塵・防火に配慮が必要である。また、貴重書庫などでの資料保存には空気調和設備を設けることが原則である。

蔵書は常に増えることを考えると、将来拡張するためのスペースに余裕を見込んでおく必要がある。

書架を配置した書庫は、いずれの配架形式・出納方式にも用いられるが、次のような形態に分類できる。いずれも閉架書庫として利用される（図2.27～2.29）。

ⅰ）集密書庫

集密書架を全面的に用いた書庫。床荷重が非常に大きくなり、設計荷重に注意が必要となる。

図2.25　書庫の平面形状と収容力

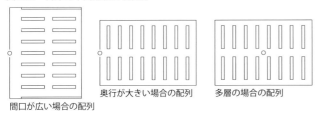

図2.26　単層・地下の書庫（同志社女子大学図書館／鬼頭梓建築設計事務所）

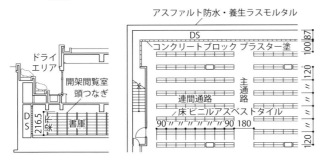

図2.27　積層書架と電動集密書架（筑波大学中央図書館／筑波大学中央図書館設計委員会＋岡田新一設計事務所）

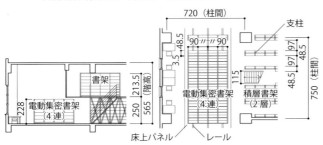

図2.28　積層書架（固定棚）

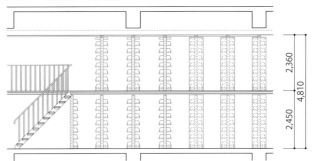

図2.29　自動出納書庫（千葉市立中央図書館／INA新建築研究所）

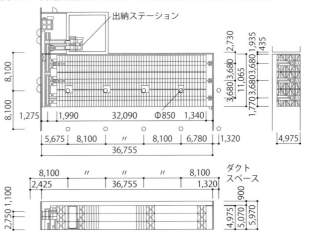

ⅱ）積層書庫

　積層書架を用いた書庫。梁や床などの構造体のコストが低減でき、また階高を抑えられるなどの理由から利用されていたが、行政指導により耐火など十分な対策が必要とされ、その長所が活用できなくなっている。

ⅲ）機械化された書庫（自動出納書庫）

　大規模図書館においては、書庫内の歩行距離が問題となる。出納ステーションを中央部に配置する、通路を確保する、積層数を減らす、なども有効な対策であるが、搬送設備を設置することで省力化を図ることができる。閉架書庫には自動搬送システムや、資料の出し入れや搬送をすべて機械で行うシステムなどが導入されている（p.50～51参照）。

⑤書庫の寸法

　開架式か閉架式かによって書架の種類が決定し、その書架の寸法と間隔によって配置が決まってくる。開架の貸出室は、主要通路や利用者が多い場合の通行量と車椅子の使用を考慮した間隔が必要になりかなり広くなる。閉架式の書庫では間隔を詰めることができるが、最下段まで利用する場合は多少の余裕が必要となる（図2.30）。

⑥書架

　書架の収容力は、長さ90cmの棚1段に対し、児童書は45冊、その他は30冊が目安であるが、一般には空きスペースを見込んで算定する。

　書架間隔は複式（両面使用型）書架は中央支柱の芯々距離を指す。床面積（㎡）当たりの収容冊数は、書架1連の幅を90cmとして、

　　（段数×棚当たりの冊数×2）／（0.9×書架間隔）

で求められる。計画上は、通路などによる配置上のロスを30%程度見込む。

　カウンターまわりや中央部にレイアウトするときなど見通しを必要とする場合は、1,200mm（4段以下）の低いものを用いる。

　現在、刊行される図書の多くは日本標準規格図書寸法（図2.31）に従っているが、規格外の図書も多い。よって書架の棚板は位置が調整できるようになっている。書架には標準的な書架のほかに、集密書架や積層書架などがある。

　集密書架は、1㎡当たりの収容力が標準的な書架の2倍以上にもなり、増加し続ける図書資料に対して有効である。閉架書架に向いており、利用頻度が低下した図書資料の保存に用いられるが、目視による検索は困難である。

　積層書架は、軽量形鋼製の支柱で上層の書架および鋼板の床スラブへ重さを伝えるという方式で、原理的には多層になるほど収容効率が向上する。

　また、貴重な蔵書の書架からの落下防止として幾つか方法がある。主な方法としては、棚板にバーを設置するものがある。地震などの揺れを感知してバーが下りるもしくは上がるものと（図2.32）、手動により同様に設置するものである（図2.33）。開架書架で日常的に利用する場合、常時バーがあると蔵書の出し入れに不便であるため、揺れを感知するものが便利である。しかし、館内のすべての書架に導入するのは現実的ではない。そのため書棚の棚板を後ろ側に数%傾けることで、蔵書の落下を防止するというものもある（図2.34）。この方法によって、結果的に書架の下段にある本の背表紙が若干上を向くことになり利用しやすくなっている。

図2.30　書架ピッチと収容力

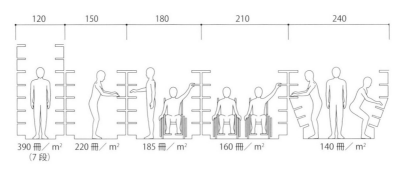

図2.31　日本標準図書寸法

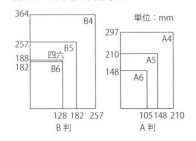

【コラム⑥】
自動出納書庫
　コンピューターの制御により、図書を収めたコンテナを自走式のスタッカークレーンが取り出す方法である。高い収納効率と迅速な出納を可能にしている。書庫の照明や空調の負担を減らすことができる。収蔵量の増加に対応して増設することもできる。

⑦入口・エントランスホール（図2.35）

利用者用の入口は1カ所を原則とする。総合案内、展示や掲示の空間を有することが望ましい。休館時に利用者が蔵書を返却できるようにブックポストを設ける。大きな荷物を持参した利用者のためのロッカーを準備する。集会施設を有する場合は、閲覧室利用者と集会施設利用者の動線を分けるとよい。

⑧集会・研修施設

閉館後や休館時に使用する場合は、専用の出入口を設ける。単独で使用・運転できる空調を用意する必要がある。企画展示・常設展示のスペースがあると利活用しやすい。

⑨事務・作業室

一般的には、事務室と作業室を分ける必要はない。公共図書館では、館長室を個室とする、事務室内に机を置くという2つの考え方がある。作業スペースは、8〜10㎡／人程度を目安とする。

⑩サイン計画

幅広い年齢層が利用することを考慮して、視認性・識別性がよく、年代にかかわらずわかりやすいものとする。将来のレイアウトの変更や移設、追加の対応を考慮し、簡単に製作ができ互換性のあるものが望まれる。ゾーンごとに基調色を定めて、什器類や壁面などに用いることも効果的である。

⑪搬出入

保管・管理する蔵書を搬入する必要があり、一般的に図書資料は「発注→登録→分類→目録作成→装備→配架」という流れで管理されている。ICタグの利用など、その手間と労力に違いはあるものの、作業のスペースを考慮する必要がある。

受入れ・搬出口では、雨天でも作業できるように、搬入の車が横付けできる計画にし大きな庇を設ける。また、建築内部に入れるように計画する。特に取り扱う量が多いほど作業のスペースは必要となる。

さらに、荷解きのための作業スペースや、受入れ時に利用できる書架スペース、分類のための作業台なども必要となる。

ブックモービルを活用している図書館では、ブックモービルのための作業をする場が同様にあるとよい。

2.3　共用部分の計画

❶ 廊下・階段・エレベーター

廊下は、避難や利便性を考慮して見通しのよい折曲がりのない単純なものとする。特に柱の凹凸や床面の高低差がないようにし、エレベーターホール付近など通行者の多いところでは幅員を広げる。

階段は、上下移動の中心的動線であるが、高齢者や車椅子使用者はエレベーターを利用する。また、蔵書の整理に職員が利用することも考慮し、規模の大きな図書館では、利用者のためのエレベーターと職員のためのエレベーターの複数計画ができるとよい。特に、閉架書庫な

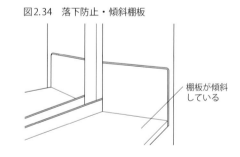

図2.34　落下防止・傾斜棚板

棚板が傾斜している

図2.32　落下防止・感知式バー

図2.33　落下防止・手動式バー

図2.35　入口・エントランスホール

ど特定の状況で利用される場所へのアクセスとなる階段やエレベーターは、利用者の様子を職員が把握できる位置に設けることが望ましい。

全体として、2方向避難が確保できるよう配置する。

なお廊下の幅員、階段の各部寸法については図表に示す（表2.1〜2.2、図2.36）。

❷ 便所・洗面所・授乳コーナー

障害者や高齢者、また子供連れの家族に優しい施設環境が、これからの公共施設には必要である。便所・洗面所については、障害者や高齢者、その介護者などの利用を含めて考慮することはもちろんだが、多様な年齢層が利用するので、幼児用の便所を検討することが必要になってくる。

さらに、子育てへの配慮から、以下の機能を有するものの設置が望まれる。

ⅰ）ベビーチェアのトイレブース内設置

ベビーチェア、その他の乳幼児を座らせることができる設備を設けた便房を一つ以上設ける。

ⅱ）おむつ交換のできる設備の設置

ベビーベッド、その他の乳幼児のおむつ交換ができる設備を設ける。

ⅲ）授乳室の設置

表2.1 廊下の寸法

適用建築物	廊下の用途	廊下の幅	
		両側に居室がある場合	その他の場合
①建法別表1い（一）〜（四）の特殊建築物 （一）劇場・映画館・集会場等 （二）病院・ホテル・共同住宅・保育所・老人ホーム等 （三）学校・体育館・図書館・ボーリング場・水泳場・スポーツ練習場等 （四）百貨店・マーケット・キャバレー・遊技場・飲食店・物販点（床面積10㎡）等 ②階数≧3の建築物 ③採光上の無窓の居室がある建築物 ④延べ床面積＞1,000㎡の建築物	小学校 中学校 高等学校 中等教育学校 ｝の生徒用、児童用	≧2.3m	≧1.8m
	病院の患者用	≧1.6m	≧1.2m
	共同住宅（住戸または住室の床面積の合計）＞100㎡の階の共用のもの	≧1.6m	≧1.2m
	居室の床面積の合計＞200㎡（地階では＞100㎡）（3室以下の専用のものは除く	≧1.6m	≧1.2m

廊下の幅員は、有効幅をとる。
廊下に柱等が突き出ているときは、その内法が有効幅である。

有効幅

表2.2 階段の寸法

	階段の種類		階段幅 踊場幅 L（cm）	蹴上 R（cm）	踏面 T（cm）	踊場位置	直階段の踊場踏面（cm）
①	小学校の児童用		≧140	≦16	≧26		
②	中学校・高等学校・中等教育学校の生徒用		≧140	≦18	≧26	高さ≦3mごと	
	劇場・映画館・公会堂・集会場等の客用						
	物販店舗（物品加工修理業を含む）で床面積合計＞1,500㎡						≧120
③	直上階の居室の床面積合計＞200㎡の地上階用		≧120	≦20	≧24	高さ≦4mごと	
	居室の床面積合計＞100㎡の地階または地下工作物内のもの						
④	①〜③以外および住宅以外の階段		≧75	≦22	≧21		
⑤	住宅（共同住宅の共用階段を除く）		≧75	≦23	≧15		
⑥	昇降機機械室用		規定なし	≦23	≧15	規定なし	規定なし
屋外階段の幅の緩和		建令120条、121条による直通階段	幅≧90cm	蹴上等の寸法は、それぞれ①〜⑤に定める数値とする。			
		その他の階段	幅≧60cm				

＊回り階段の踏面寸法は、踏面の狭いほうから3cmの位置ではかる。

授乳およびおむつ交換のできる場所を一つ以上設け、ベビーベッド、椅子などの設備を適切に配置する。

　いずれもその付近に、その旨の表示を行うことが必要である。

　また、一般的な空間としては、以下のようなものが望まれる。

・清潔で、落ち着きのある空間である。
・使用中であることの表示や授乳場所を個室化するなど、男性にも利用しやすいよう配慮する。
・乳児用ベッドに柵を設ける場合は、取外し可能なものにする。

・給湯設備のある流し台などを設ける。
・手荷物などを置くことができる棚や、衣類を掛けるフックなどを設ける。

❸ 駐車場スペース

　駐車場については、地域の条例により駐車台数の設置が義務づけされている例が多い。設置した駐車場の内1台以上を車椅子用とする。駐車方式は、自走式と機械式とでどちらでもよいが、建物周辺に配置されたほうが利用者にとって使いやすい。駐輪場についても同様に計画する必要がある。ともに歩行者への配慮が要求される（図2.37、図2.38）。

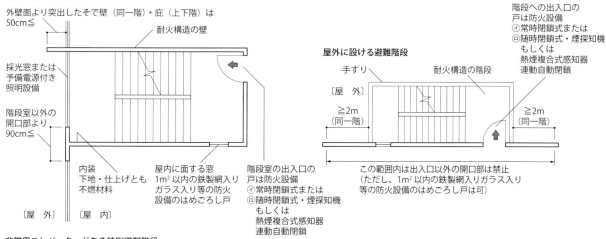

図2.36　避難階段・特別避難階段

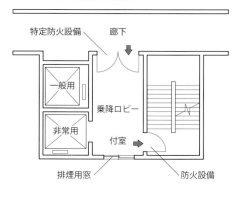

図2.37　駐車場の寸法

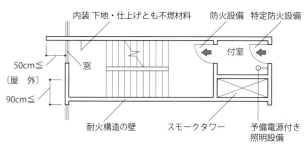

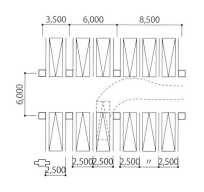

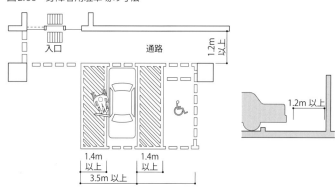

図2.38　身障者用駐車場の寸法

設計・計画　29

2.4 構造計画

❶ モデュラープランニングの考え方

将来の変化に対応しやすいようにスペースと機能を固定せず、柱間寸法、階高、荷重などをできるだけ均等に計画する方法である。グリッド状に規則正しく柱を配置し、書庫、閲覧室、事務室のいずれの用途にも使えるように、空間にフレキシビリティを持たせようとしている。モデュラープランニングでは、寸法の決定が特に重要である。どこに書架を置いてもよいような積載荷重に対する構造的配慮と、照明器具や空調の吹出し口などのシステマティックな配置が必要である。

十分に検討された柱間により、長方形または正方形の区画が平面構成の基本となる。基準寸法の整数倍が原則であり、開架書架、閉架書架、閲覧机などの配列のいずれにも適応できるよう検討する。

モデュラープランニングの考え方では、できるだけ固定壁を少なくし、便所・エレベーター・階段・ダクトスペースなど固定的なものはできるだけ集約して、それ以外は開放し、必要であれば可動間仕切りで仕切るなど、内部の配置替えに当たって自由度を制限するような空間の形を避ける。

しかし、空間の適合性のためには、建築的に最も厳しい構造・設備の条件に合わせる必要がある。床荷重は事務の2倍にも及ぶ書庫のものに、空調は在室人数の多い閲覧室のものに、照明は高い照度の要求される事務室・閲覧室のものに、弱電機器のための配線・配管は事務室の条件に合わせなくてはならない。その結果、建設費は高くなる傾向にある。

スチール製の書架で6段のものに蔵書を載せた場合、開架書架では複式1連当たりおよそ720kgの重量になるといわれている（図2.39）。書架を置く場所を含めて、計画段階からの検討が必要となる。

❷ 閲覧・事務部門と書庫の関係

閲覧・事務部門と書庫や関連施設の構成には、様々な組合せがある。

開架を主体にする場合、構造を同じ考えで計画したほうが全体の構成の自由度が増して将来の変更に対応しやすい。

収蔵だけを考えた場合は、書庫の構造だけ分離するのが有利である。収容効率を高めるためにそれに合った床の荷重や天井高・環境条件とすることができ、他の部門と異なる構造にしたほうが合理的である。これにより他の部門との階高の差が問題となるが、閲覧・事務部門の1階分に対して書庫を1層または2層にして対応する（図2.40〜2.41）。

❸ 耐震対策

地震時に転倒のおそれがある書架は床に固定することを原則として、場合により頭つなぎにして転倒を防止するなどの方法がある。特に開架のフロアにある書架の地震への対策は重要である。蔵書が落下することで書架自体の自重を軽くし、書架そのものの転倒を防止するという考え方もあるが、落下した蔵書が避難路を塞いだり、書架に残った蔵書の状況による書架の変形・転倒などが問題視され、蔵書の落下防止を図り書架に残す方法も検討されている。大きな地震では、低い書架も動くので床に固定する。木製書架・スチール製書架（図2.42）のどちらを用いるにしても地震に対する備えは必要である。

図2.39　書架の最大積載質量

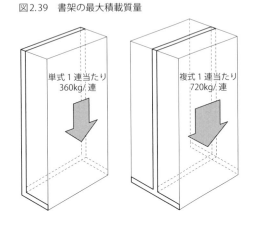

図2.40　閲覧・事務部門と書庫の組合せ

図2.41　閲覧・事務部門と書庫の階高

図2.42　スチール書架

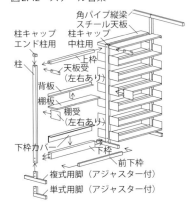

軽微な揺れにおいては、棚が水平な従来のものより後ろ側が少し下がっているものも有効である（図2.34）。いずれにしても利用者の安全に配慮した計画が必要になる。

❹ バリアフリー

図書館において床にレベルをつけることは得策ではない。車椅子の利用だけでなく、ブックトラックによる蔵書の整理など段差があることで生じる問題は解消したほうがよい。限られた人数の職員で効率的に蔵書の管理を計画段階から考慮しなくてはならない。方法としては、スロープや昇降機・リフトなどで解消するという考えもあるが、数段のぼることで目的の書架にたどり着けるのであれば、わざわざスロープや昇降機を利用しないという意見もあり、空間演出としての魅力と機能的な利便性については十分議論する必要がある。また、背の高い書架も空間演出上魅力的ではあるが、過度に高いと利用の際に台が必要となるため、それがバリアとなり、実質的には利用度が低くなることもある。施設管理の観点から、利用者に台などを使って利用をさせることに否定的な意見もあり、同様に検討が必要となる。

2.5　環境・設備計画

図書館では、音・光・熱に関して各室の機能を十分考慮して計画する必要がある。

❶ 音環境

音環境としては、NC値で35〜40といわれている。閲覧をはじめとした執務の空間と来館者の移動を伴う交通路としての空間が隣り合うことを考慮すると、一般的にはカーペットを用いるのが望ましい。開架書架の蔵書も含めて、ある程度の吸音が期待できるが、空間の気積を含め音の反響についての考慮を要する。機械設備やIT機器類の作動音などにも注意が必要となる。

子供の空間や視聴覚関連の室に関しては、音や映像に関する処理が必要となる。

❷ 光環境

光環境の整備は、視環境の整備ともいえる。特に開架閲覧の空間にとっては、読書環境の満足度に影響する。従前は全体を均一な照度分布にするような計画も多かったが、利用のしやすさや魅力的な空間づくりの観点から近年は多様な演出が行われている。視環境を快適にするには、輝度対比の緩和とグレア（高輝度な光源などによって、対象が見えにくくなる現象）の除去が重要となる。

天井が高い場合、計画には特に注意が必要となる。執務空間として必要な照度に対してタスク（局部）とアンビエント（全般）という区分は有効だが、輝度対比が大きいと目の疲労などを招き、大型の開口部付近では、不快なグレアを生じやすい。

タスクライトの利用とアンビエント光を間接照明方式とすることで、自然光と同様の直射と指向性のない天空光を演出することができる。

間接光は、水平照度と垂直照度の差が比較的少なく棚などの影が発生しにくいが、照度の反射面の素材、色調、反射率によって変わってくるので注意が必要である。床、壁、天井やタスクライトがある机表面などの反射も影響する。

計画上の留意点として、十分な明るさでむらがない、読書面と周囲の明るさの対比が少ない、書架の下段の照度を確保する、自然光に近い、メンテナンスの容易さと必要部分の点滅などが挙げられる。

空間を構成するうえで、自然光の積極的な導入も有効である。天空光は晴天、曇天にかかわらずある程度の安定性が見込まれる。直射光を用いる場合は十分な拡散が必要で、天候による変動が大きいので光量の可変機構についても考慮しなくてはならない。

ⅰ）書架の照明：最下段に十分な照度を得られることが必須の条件となる。書架間の通路を基準に天井からの光天井方式を用いることになるが、天井高がある場合は、高輝度ランプや天井からの吊下げなども用いる。さらに吹抜けなどがある場合には、書架自体に照明器具を取り付ける方式をとる。

ⅱ）座席の照明：近年、机上面で、800〜1,000lx程度の明るさが必要といわれている。

❸ 熱環境

熱環境において、大きな気積になる高い天井による空間の場合、来館者の居住域空調が有効である。床面からの輻射効果も含めて効果が期待できる。全体が一室空間になる開架閲覧室でも、適切な可変運転が可能なゾーニングはより有効である。

換気についても併せて検討が必要であり、自然エネルギーの利用も含めて総合的な取組みが要求されている。空気調和設備の方式は、規模、人員密度、滞在時間の違いからのゾーニング、設備スペースとの関連を考慮して決定する。

書庫においては、温湿度の変化、直射日光、ほこりを避けることが望ましい。貴重な蔵書を管理する観点からその環境は、博物館の収蔵庫に似た空間とされる。出納などによる人の出入りが多いことから、環境・設備計画では、配慮が必要である。温湿度条件として、一般の書庫では22±5℃、60±5%が目安とされている。恒温・

設計・計画　31

恒湿が望ましいが、収蔵庫ほど変化幅を小さくする必要はない。外壁の断熱性を高め、窓は原則設けないほうがよい。貴重な図書の保存の場合15℃前後、60%以下を保つようにする。ちなみに書庫の照明は100lx程度でよく必要な部分のみ点滅できるようにする。

❹ 防災対策

スプリンクラー設備は極めて有効な防災設備だが、配管やヘッドからの漏水事故の危険性があり、書庫にとっては望ましい設備ではないと考えられる。ガス消火設備など事故の際に蔵書にとって安全な設備を採用する。た

だし、ガスの放出による窒息事故を防ぐため、一般の利用者が立ち入れない閉架書庫部分での使用など設置するブロックには検討が必要である。

❺ 水害対策

大雨や出水時の防水対策についても検討しておかなければならない。書庫などが地階にある場合はもちろんであるが、上階にあっても給排水管の破損や排水の逆流などにより書庫に被害が及ぶことのないように配慮する必要がある。

【コラム⑦】
最近の図書館建築

2010年から2015年の日本建築学会作品選集に掲載された図書館を最新の事例として示す。小規模なものから県立図書館や複合施設など多岐にわたっている。

建築名	設計者	蔵書数	建築延べ床面積	竣工	所在地
武雄市図書館(p.13コラム掲載)	スタジオアキリ(改修)	約190,000冊	3,803.12㎡	2013年2月	佐賀県武雄市
広州図書館	日建設計・広州市設計院		98,008.5㎡	2012年10月	中国 広州市
山梨県立図書館	久米設計・三宅建築設計事務所共同企業体	約820,000冊	10,851.84㎡	2012年6月	山梨県甲府市
明治大学創立130周年記念和泉図書館	松田平田設計	約310,000冊	8,856.92㎡	2012年3月	東京都杉並区
金沢海みらい図書館(p.42掲載)	シーラカンスK&H	約230,000冊	5,641.9㎡	2011年3月	石川県金沢市
東京工業大学附属図書館	安田幸一研究室＋佐藤総合計画	約645,000冊	8,587.88㎡	2011年2月	東京都目黒区
高崎市総合保険センター・高崎市立中央図書館	佐藤総合計画	約575,000冊	32,392.10㎡	2011年1月	群馬県高崎市
えんぱーく(塩尻市市民交流センター)	コンテンポラリーズ	約260,000冊	11,901.64㎡	2010年8月	長野県塩尻市
上海浦東図書館	日本設計		60,885.00㎡	2010年4月	中国 上海市
山口市立秋穂図書館	日建設計	約38,000冊	3,550.99㎡	2009年12月	山口県山口市
小布施町立図書館まちとしょテラソ(p.36掲載)	古谷誠章＋NASCA	約90,000冊	既存6,129.52㎡、新築998.53㎡	2009年6月	長野県小布施町
大船渡市民文化会館・市立図書館/リアスホール	新居千秋都市建築設計	約140,000冊	9,290.39㎡	2008年10月	岩手県大船渡市
日進市立図書館	岡田新一設計事務所	約360,000冊	9,101.83㎡	2008年9月	愛知県日進市
岡崎市図書館交流プラザLIBRA	佐藤総合・千里建築設計特定設計業務企業体	約710,000冊	23,980.14㎡	2008年3月	愛知県岡崎市
福山市まなびの館ローズコム(福山市中央図書館・福山市生涯学習プラザ)	日建設計	約400,000冊	13,789.89㎡	2008年3月	広島県福山市
国際教養大学図書館棟(p.7写真掲載)	仙田満＋環境デザイン・コスモス共同企業体	約76,000冊	4,054.78㎡	2008年2月	秋田県秋田市
北区立中央図書館(p.10コラム掲載)	佐藤総合計画	約290,000冊	6,165.25㎡	2008年2月	東京都北区
日本工業大学100年記念館/ライブラリー＆コミニケーションセンター	日本工業大学小川研究室	約220,000冊	4,694.28㎡	2007年10月	埼玉県宮代町
長崎市立図書館	三菱地所設計・安井建築設計事務所建築設計共同企業体	約590,000冊	11,658.94㎡	2007年9月	長崎県長崎市

【コラム⑧】
図書館と防災

地震への対応

東日本大震災において、図書館では蔵書の落下や書棚の転倒など様々な問題が発生した。書架については、床固定により緊結することを前提に上部で繋ぐ頭つなぎによって固定するといった方法がとられていた。しかし、一部では頭つなぎで固定していた書架が将棋倒しになった例などがあり、固定の方法については構造計算とともに検討が必要である。また、軸方向に繋がった書架は、比較的丈夫と考えられていたが、状況により変形する事例が見られている。

近年、免震装置を取り入れた建築物もあり、書架の取扱いは、その施設の耐震の対策により選択肢が分かれる。また、書架そのものが免震の役割を担うものなど多様な取組みが見られる。

揺れの際、蔵書が床に落下したほうが書架そのものの荷重や強度に対する負荷の軽減が図られるという考えがあったが、落下した蔵書が通路を埋めてしまい、結果として避難経路を狭めてしまうといった問題点も指摘されている。これは落下した蔵書による怪我の程度が軽いという視点でもあるが、避難できなくなれば本末転倒である。落下させないためには、書架そのものに蔵書をとどめておく仕組みが必要となる。

書架と蔵書の扱い

蔵書は、書架に収納されている。これは開架でも閉架でもどちらにも基本的に当てはまる。当然、地震の際は書架から利用者をいかに守るかということが重要になってくる。蔵書は、施設にとっても利用者にとっても貴重な財産である。よって地震の揺れで蔵書が書架から落下し、それによる破損は避けたい。従来は高所からの落下による蔵書の破損を防ぐことに重点をおいていた。しかし、上部の蔵書を書架に残すことで、書架自体の荷重が増え、揺れの振幅から蔵書ごと書架が倒れるということが起こっている。もちろん事前に想定した問題であり、床への緊結と頭つなぎによる書架の一体化により安定を考慮している。

写真は東日本大震災における図書館の例である。書架を床に緊結し、さらに頭つなぎにしていた。書架の上部は蔵書の落下防止のバーを設置し対策していた。震災では、揺れによって下部の蔵書は落下し、上部の蔵書は機構により書架に残った。結果、書架の上部が重くなり、軸方向の揺れに耐えることができず、変形が少ないと思われていた軸方向に大きく変形をして破損した。頭つなぎの機構はその力に耐えられず、互いの連結部を引きちぎるといった状態になった。

蔵書と避難

書架から蔵書を落下させることで、書架の倒壊を防ぐ。これにより避難する人を書架の倒壊による怪我から守ることができると考えていた。しかし書架から落下した蔵書は書架と書架の間の通路に落ちることになり、避難路を塞いでしまった例もある。冷静に考えると書架の間の通路は、利用者の避難路にもなる。幾つかの資料によると、落下した蔵書が大人の膝上、状況によっては腰の辺りまで積み重なり、円滑な避難の妨げになったとある。貴重な蔵書を守ることも重要であるが、利用者の安全を図ることも非常に重要な使命である。

閉架書庫と無窓について

揺れが収まってから施設管理者の多くが利用者の安否確認を行っているが、利用者の確認に思いのほか手間取ったという意見がある。無窓であることを是とする書架ならではの問題が指摘されている。自然の採光は蔵書にとって不利益でしかないから、きちんと守るほど採光のない環境となる。これにより停電で照明が使えない状況で確認に手間取ったということである。震災後、非常電源等によりある一定の時間点灯が可能な電源を供給するシステム等が検討されている。これができるのであれば問題ないが、いずれ考慮する必要がある。

対策について

現段階で、すべてに当てはまる対策は考えにくい、新たに計画する場合はよいが、改修等では難しいケースも多い。近年は免震にする建築も多く、その場合建築内部への揺れの減衰などから従来の考え方を踏襲することもできるであろう。書架自体を免震化する方法も試みられている。また、蔵書を残すのがよいか落とすのがよいかの判断は非常に難しいが、安全な避難経路の確保は必須である。

また、利用者の確認を容易にするためには、どの程度の人数が館内にいるかを施設側が把握できるシステムも必要かもしれない。しかし、利用者のプライバシーの問題もあり、公共図書館では非常に困難な問題ではある。

開架書庫震災時

閉架書庫震災時

③設計事例

2009年・長野県上高井郡小布施町　　　　　　　　　　　　　古谷誠章＋NASCA

小布施町立図書館「まちとしょテラソ」

■建築概要
敷地面積：10,511.44m²
建築面積（新築棟）：1,074.03m²
延床面積（新築棟）：998.53m²
建ぺい率：47.85%（既存棟含む）(60%)
容積率：67.81%（既存棟含む）(200%)
蔵書数：9万冊（開架6万冊、閉架3万冊）
階数：地上1階
構造：鉄骨造

「栗と北斎のまち」として親しまれている小布施町には、年間を通じて120万人の観光客が訪れる。そのため図書館も、町民がただ静かに本を読むだけではなく、人が人に出会い、思い思いに時を過ごす「広場」のような建築を構想した。プロポーザルでは、用途が「図書館（交流センター）」とされていたため、間仕切りを最小限にとどめ、館全体をひと繋がりの大きな空間として提案した。将来の変容に備えてできる限り柱の本数を減らすため、室内の独立柱が3本だけになるよう、1辺が12mの三角モジュールの鉄骨造とし、屋根の形は周囲の山々に呼応する山なりの姿とした。三角形平面の中心に開架書架を配置し、3つの辺に沿って緩やかに区分されるスペースを設けている。入口からまっすぐに繋がるスペースは、館長との会話や視聴覚を楽しむコーナー、ちょっとした飲食もできる。桜の老木を生かした光庭や、子供が直に座り込める場所もある。南側の楕円テーブルに集まって本を読んだり、話合いをしたりすることもできる。最も奥まった残りの1辺が個人席で、静かに読書ができるゾーンになる。子供の利用が多い時間帯には全館が子供のために、大人の利用が多いときには全体が落ち着いた空間となる構想で、それらを空間として分けるのではなく、タイムシェアリングして伸び伸びと使えるように意図している。（古谷誠章）

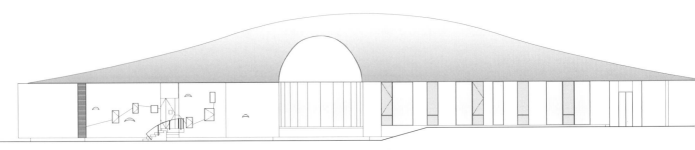

西立面図　1／300

建築設計テキスト　■　図書館

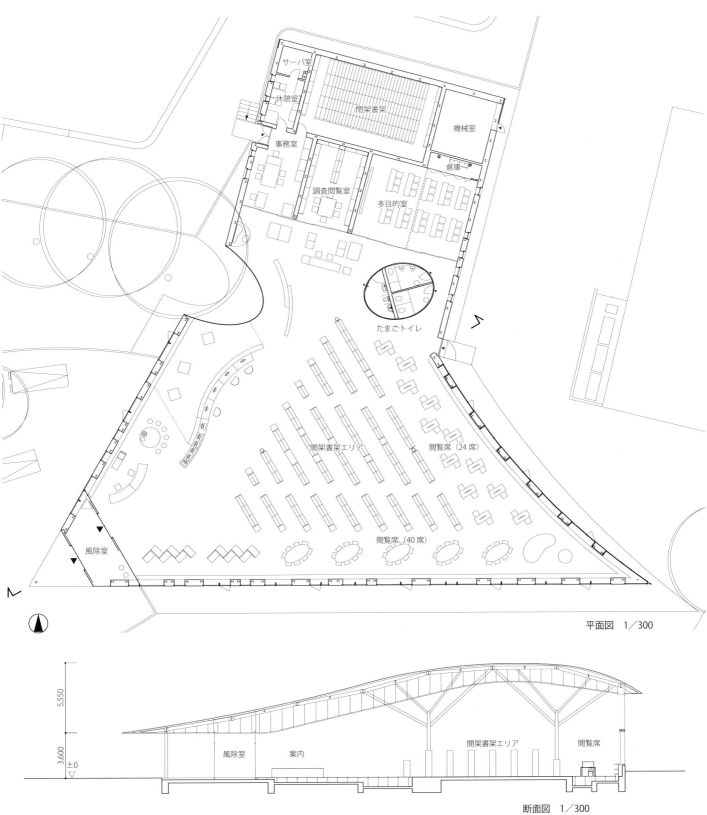

平面図　1/300

断面図　1/300

設計事例

1998年・兵庫県洲本市　　　　　　　　　　　　　　　鬼頭梓建築設計事務所

洲本市立図書館

配置図　1／4000

　この図書館の構想は、人々の暮らしとともに築後100年以上を経過した、旧紡績工場の煉瓦壁を可能な限り保存し、図書館計画の中に取り込むことだった。

　しかし、現在図書館入口のある南側と、東側の一部の煉瓦壁を除いて、操業時に繰り返し行われた改修工事による大きな変容が見られ、さらに紡績工場としての使命を終えて久しい内部はひっそりと廃墟へと向かう様相を呈し、そこでは保存というより復元的な取組みも求められた。また、ここで必要としたのは明治期の煉瓦組積造を本質において理解できる煉瓦職人と左官職人の存在で、彼らとの協同により創建当時の工法や材料にまで遡る試行錯誤を経て、見掛けだけのレトロな復元ではない、本物の煉瓦建築としての保存再生を実現できた。

　図書館設計の基本からは外れるところもあるが、この図書館建築は多くの固有の条件と制約のもとで導き出された「図書館設計の一つの答え」と考えている。（佐田祐一・佐田祐一建築設計研究所）

■建築概要
敷地面積：4,618m²
建築面積：2,453m²
延床面積：3,191m²
建ぺい率：53.11%
容積率：69.10%
蔵書数：19万冊（開架13万冊、閉架6万冊）
階数：地上2階
構造：鉄筋コンクリート造、一部鉄骨造

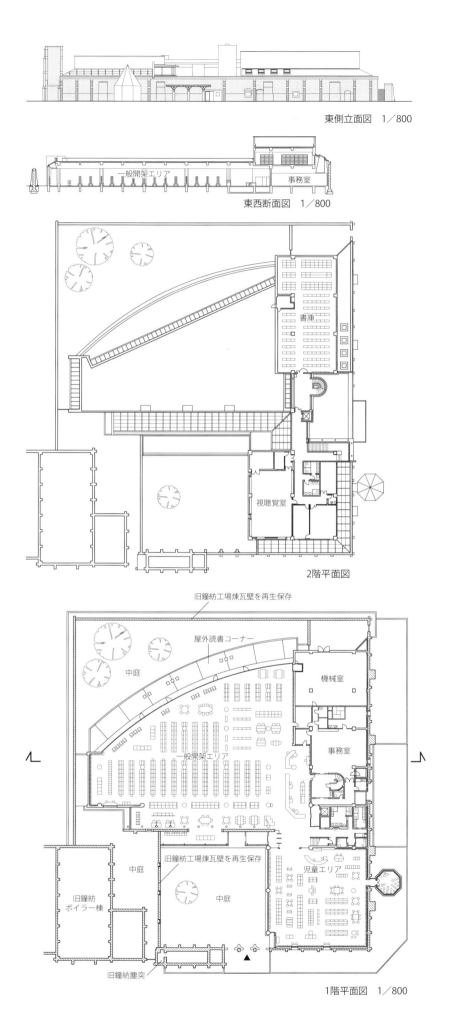

東側立面図　1/800

東西断面図　1/800

一般開架エリア　事務室

書庫

視聴覚室

2階平面図

旧鐘紡工場煉瓦壁を再生保存
屋外読書コーナー
中庭
機械室
事務室
一般開架エリア
旧鐘紡工場煉瓦壁を再生保存
中庭
中庭
児童エリア
旧鐘紡ボイラー棟
旧鐘紡煙突

1階平面図　1/800

設計事例　39

2000年・青森県むつ市　　　　　　　　　　　　　　　　　　　近藤道男建築設計室

むつ市立図書館

　むつ市立図書館は市の大湊地区と田名部地区の中間に位置し、大正初期の文化財「旧大湊ホテル」に隣接しており、文化ゾーンを形成し得る環境も併せ持っている。このような特性や歴史性を生かし、ふれあいの生まれるサロンとしての図書館をつくることを主眼とした。

　全体を最も利用しやすい平屋建てとしている。平面としては、展示・研修・視聴覚ゾーン、こども図書館、読書テラス、一般書ホール、書庫・事務管理ゾーンと、各々を繋ぐ背骨となるガレリアの6つの部分で構成している。各々のゾーンは、独自に空間の特性を持たせ、連続的空間として配置した。読書テラスは、北国の寒さの厳しい冬季にも緑陰での読書の雰囲気を楽しめるよう半屋外の空間とした。一般書ホールの照明は、書架と一体化した全般照明としてデザインし、間接照明とするなど、高天井等に全般照明を設けることなく、快適な室内・書架環境を実現できた。この図書館を利用することや働くことが誇りに感じられ、気候や地域周辺の雰囲気と調和し、長い年月にも汚れていくのではなく風格を増し、そして、用と美の調和した建築が、職員の熱意を持続させ、地域の人々からも愛され、育まれるのだと思っている。（近藤道男）

■ **建築概要**

敷地面積：9,215.8m²　　　容積率：35.2% (164.4%)
建築面積：3,312.21m²　　蔵書数：15万冊（開架13万冊、閉架2万冊）
延床面積：3,239.65m²　　階数：地上1階
建ぺい率：35.9% (69.8%)　構造：鉄筋コンクリート造、一部鉄骨造

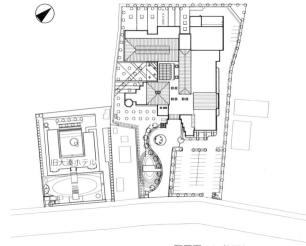

配置図　1／2500

南側立面図　1／500

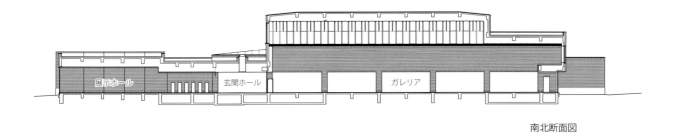

南北断面図

東西断面図　1/500

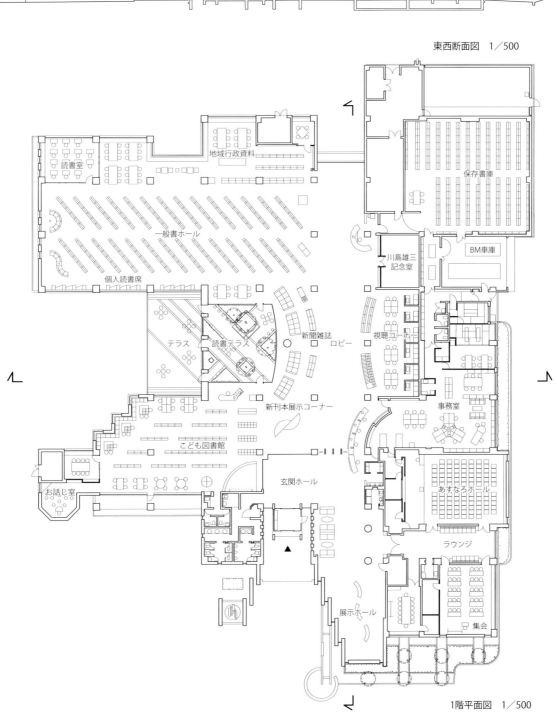

1階平面図　1/500

設計事例

2011年・石川県金沢市　　　　　　　　　　　　　　　　　　　　　シーラカンス K&H

金沢海みらい図書館

金沢市で4番目、約40万冊の蔵書能力と交流ホールや集会室など地域の交流施設をもつ図書館である。多くの本が集まった場所で、本に囲まれて本を読む豊かさが体験できることや、これからの公共図書館にとって気持ちよく本が読めるリーディングルームが大きな魅力になる。そのため、開架書架と閲覧室を仕切りなく混在させ、集積された本と人が共存するワンルーム空間をつくった。約45m×45mの平面、高さ約12mの空間を25本の柱が支え、「パンチングウォール」からの柔らかい自然光による大きな空気のボリューム感が、図書館らしいリーディングスペースを実現している。温熱環境、音環境、明るさなどを含めた本を読むための空気をデザインした図書館である。また、様々なメディアの変化に直面する時代にも対応できる空間を持つ図書館である。建物は敷地に対して近隣と距離をとって配置し、あいた敷地を公園のように開放することで周辺地域の新しいランドマークとして市民にも親しまれる存在となった。（堀場 弘）

■建築概要
敷地面積：11,763.43m²
建築面積：2,311.91m²
延床面積：5,641.90m²
建ぺい率：19.65%（60%）
容積率：46.33%（200%）
蔵書数：23万冊（開架22万冊、閉架1万冊）
階数：地下1階地上3階
構造：鉄骨造、一部鉄筋コンクリート造

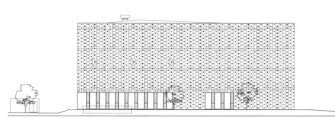
東立面図 1/800

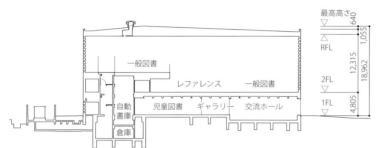
南北断面図 1/800

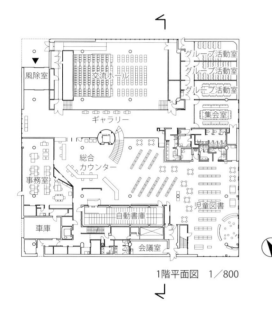
1階平面図 1/800

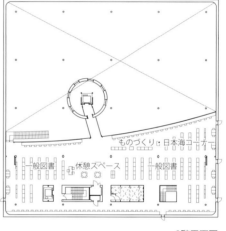
3階平面図

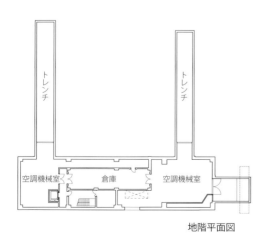
地階平面図

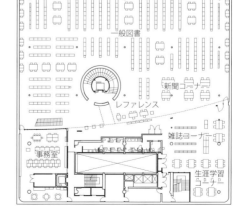
2階平面図

設計事例

1985年・東京都日野市　　　　　　　　　　　　　　　　　　　　　高橋靗一／第一工房

実践女子大学図書館

　キャンパスのシンボルともいえる大学図書館はその位置づけから独立した建築物として計画されることが多いが、当該図書館は専門2学部、一般教養の講義・ゼミ室、法人・大学事務局、食堂を含む複合施設群の中に取り込まれている。この都市的な生活の行き交う複合建築は結果として図書館を無意識の存在にさせながらも教職員・学生の触れ合う空間が垣間見られるように組み込まれている。授業間の上り下りに利用するメイン階段からの見え隠れ、1階開架閲覧室の45mスクエアの面積に柔らかな光を注ぐ5つのトップライト等、複合建築の中にもそのシンボル性は個としての図書館棟と同様に発揮されている。
　そのトップライトの下部に1.6m段落ち2層構成で雑誌閲覧書架を4周から囲むように配置している。竣工後30年を経た図書館は、時代とともに検索システムがカードケースから端末になり、視聴覚施設等が情報機能に対応するためにどんなに変わっても、大学図書館としての普遍性を持ち続けている。（岡崎敏男）

■建築概要
敷地面積：39,515.00m²　　　　容積率：―
建築面積（校舎棟）：4,677.86m²　蔵書数：33万冊
延床面積：5,641.90m²（図書館部分）　階数（校舎棟）：地下2階地上5階
建ぺい率：―　　　　　　　　構造：鉄筋コンクリート造

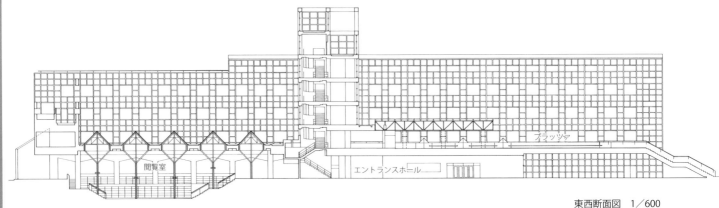

東西断面図　1／600

44　　建築設計テキスト　■　図書館

2階平面図

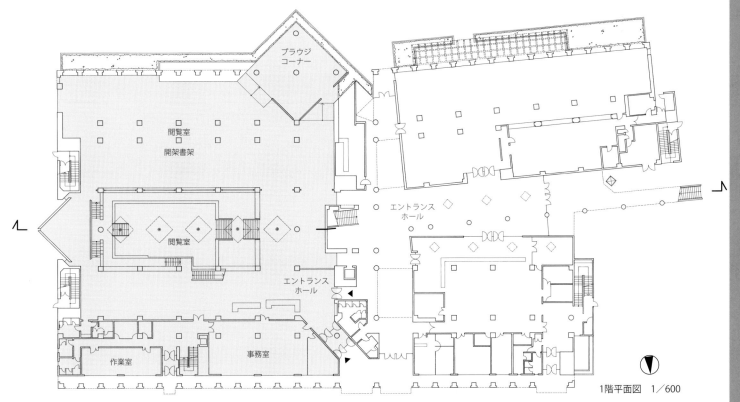

1階平面図 1／600

設計事例

1998年・宮城県仙台市　　　　　　　　　　　　　　　　　　原広司＋アトリエ・ファイ建築研究所

宮城県図書館

現在の宮城県公文書館の場所にあった宮城県図書館が、蔵書の収容能力が限界に達したこと、県民の生涯学習の拠点となる施設の要望から1998年に建設されたものである。

仙台駅から北に10kmの泉区の丘陵に建つ、東西方向に長さ約200m、幅約30mの細長いチューブ状の形態をもつ建築である。

設計の理念は、①多様なプレゼンテーション機能をもつ文化センターとしての図書館、②すべての人々を楽しく迎え入れる公園としての図書館、③明るい未来を象徴する図書館、である。

吹抜けのエントランスからは豊かな木々の緑の景観を楽しむことができる。また建物の中央には、斜面の地形を生かした地形広場「ことばのうみ」と呼ばれる半外部空間の広場があり、レストランが面し、屋外の読書スペースとして、また休憩スペースとして活用されている。3階には新聞雑誌コーナー、開架閲覧室、中廊下をはさんで閉架書庫が配されている。

開架収容冊数30万冊、閲覧席数400席弱である。（文責：担当編集委員）

■建築概要
敷地面積：55,278.74m²　　容積率：32.97%（200%）
建築面積：6,515.703m²　　蔵書数：106万冊
延床面積：18,227.226m²　　階数：地下1階地上4階
建ぺい率：11.78%（60%）　　構造：鉄筋コンクリート造、鉄骨鉄筋コンクリート造、鉄骨造

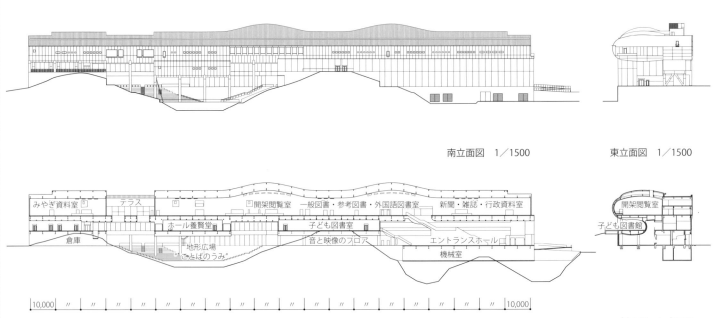

南立面図　1／1500　　東立面図　1／1500

断面図　1／1500

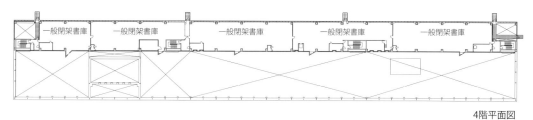

4階平面図

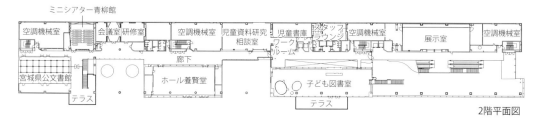

3階平面図

2階平面図

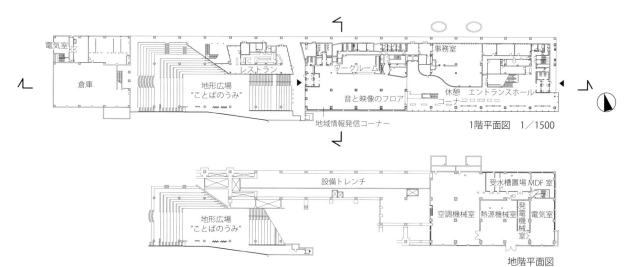

1階平面図　1/1500

地階平面図

設計事例　47

2000年・宮城県仙台市　　　　　　　　　　　　　　　　　　　　　　　伊東豊雄建築設計事務所

せんだいメディアテーク

　せんだいメディアテークは、最新の知識や情報を提供する＜ライブラリー＞、美術・映像作品を発表・鑑賞する＜ギャラリー＞、ワークショップやバリアフリー・ボランティア支援の場を提供する＜スタジオ＞などのスペースが複合した仙台市の公共施設である。

　従来の単体の図書館や美術館とは異なり、美術作品、映像作品、デジタルコンテンツ、紙の図書、目や耳の不自由な人々のための視聴覚メディアなど、様々なメディアの鑑賞、収集、制作、発信を行うことが運営の理念である。

　メディアを取り巻く環境は、設計や施工時以降も刻々と変化するため、フレキシブルな建築であることが、設計当初から求められた。

　50m四方の平面形を持つ地上各階のスラブはプレートと呼ばれ、各階のプレートを13本のチューブが貫いて、光・空気・水・電気などの設備インフラや、階段・エレベーターの垂直交通を供給している。このシンプルな構成が、フレキシブルなプランを実現させている。

　3・4階に配置されたライブラリーは、仙台市の中央図書館としての機能を持ち、約12万冊の一般書が閲覧可能で、地下2階の30万冊の保存書庫と連動しながら、主に紙の図書を扱うサービスを担っている。（古林豊彦）

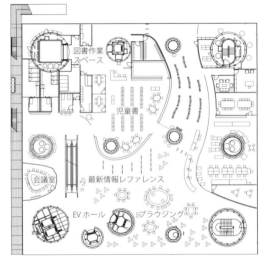

2階平面図

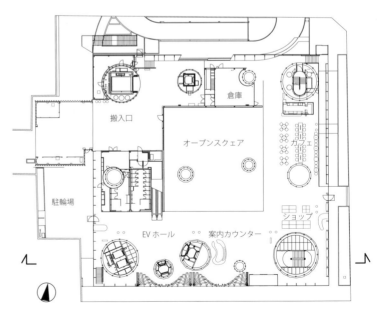

1階平面図　1/800

■建築概要
敷地面積：3,948.72m²
建築面積：2,933.12m²
延床面積：21,682.15m²
建ぺい率：74.28%（100%）
容積率：497.73%（500%）
蔵書数：42万冊
　　　（開架12万冊、閉架30万冊）
階数：地下2階地上8階
構造：鉄骨造、鉄筋コンクリート造

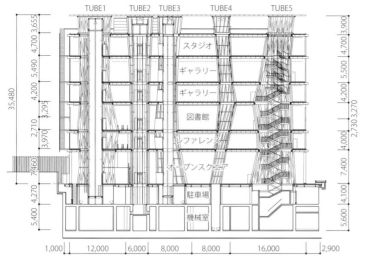

断面図 1/800

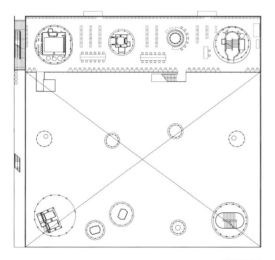

4階平面図

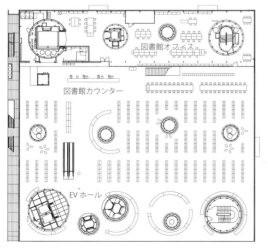

3階平面図

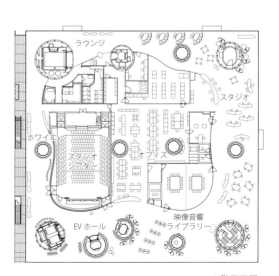

7階平面図

設計事例 49

2002年・京都府相楽郡精華町　　　　　　　　　　　　　　　　　陶器二三雄建築研究所

国立国会図書館関西館

　国立国会図書館関西館は、増加する蔵書のための大規模な収蔵施設の確保と近年の急速な情報通信技術に対応した図書館サービスを提供する目的で建設された、床面積約6万㎡の大規模な施設である。景観上の調和、資料の効率的な収蔵、恒温恒湿を得やすい保存環境から、全体の3/5以上を占める書庫を地下に設けた。また、閲覧室を半地下に、地上に研究管理棟を配置した結果、規模の割にはボリュームを感じさせない建物となっている。前面の歩道より2.5m高い閲覧室の屋上は緑化され、管理棟との間には中庭がとられ樹木が植えられている。

　平面計画では、管理上全館で、職員動線と利用者動線が交差しない計画が特徴である。主要空間である閲覧室は、閲覧の疲れを癒す屋根トップライトからの自然採光や、中庭の樹木等、自然を享受する開放的な空間である。地下2階から地下4階の600万冊規模の書庫には、一部に自動書庫が導入されている。書庫からの出納のために閲覧室内の事務室や管理棟地下2階から地上3階までの各部門を結んで大規模な資料搬送システムが構築されている。（飯田辰彦）

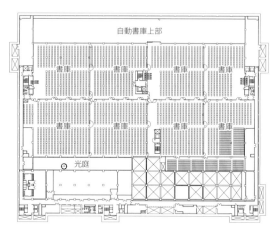

地下3階平面図

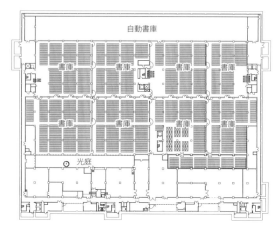

地下4階平面図

■建築概要
敷地面積：58,815.64m²　　容積率：99.9%
建築面積：10,445.78m²　　蔵書数：600万冊
延床面積：58,768.68m²　　階数：地下4階地上4階
建ぺい率：17.7%　　構造：鉄骨鉄筋コンクリート造、鉄骨造

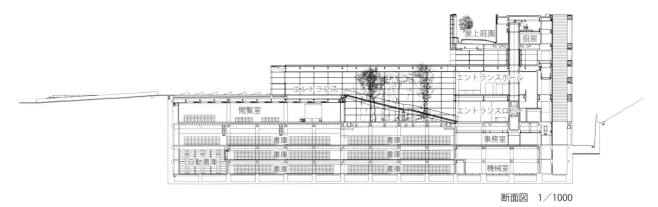

断面図 1/1000

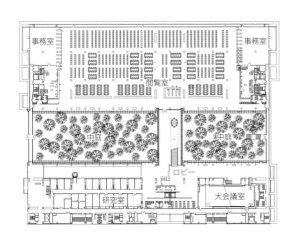

搬送システム概要図

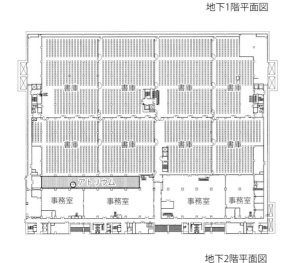

地下1階平面図

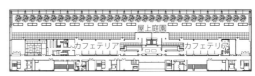

4階平面図

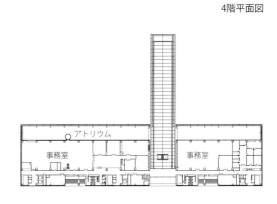

3階平面図

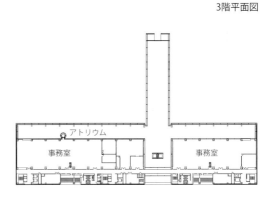

2階平面図

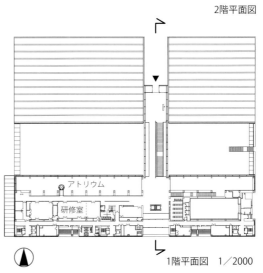

地下2階平面図　　　　1階平面図 1/2000

設計事例　51

4 設計図面

2002年・福井県福井市　　　　　　　　　　　　　　　　　　　　　　槇総合計画事務所

福井県立図書館・文書館

アプローチ側全景

庭園側から図書館を見る

庭園図書館

　田園に建つ図書館の姿として、緑豊かな庭園と一体となり、近世の屋敷構えを想起させる「現代の書院」を提案している。玄関、書院（図書館）、蔵（閉架書庫、文書館）の各棟が庭を挟み、雁行しながら奥へと連続する。このような構成により庭の広がりを感じながらゆったりと本に親しみ、読書の合間には庭園や山々との対話が楽しめる滞在型の図書館を目指した。

　内部の閲覧スペースはわかりやすさと使いやすさから、開架閲覧部門をすべて1階の同一フロアにまとめている。この大きなワンルーム空間の中で、閲覧スペースはスケールに配慮しながら場所に応じて設えを変え、来館者が選択できる多様性を持たせた。柱によって分節された各空間に対応し、書籍は主題別に明確に配架される。そして書架列の流れは要に置かれたレファレンスと貸出しカウンターへと収斂する計画である。閲覧室に隣接する中庭、池、読書テラスは、室内に光と風を取り込む環境空間であり、各領域へと分節しながらも視覚的な繋がりを持たせ、同時に趣を変える庭への連続性をつくる重要な役割を果たしている。　　　（若月幸敏）

■建築概要

敷地面積：70,246m^2
建築面積：12,919m^2
延床面積：18,436m^2
建ぺい率：18.40%（70%）
容積率：26.05%（400%）

蔵書数：91万冊
階数：地下1階地上4階、塔屋2階
構造：鉄骨造、鉄筋コンクリート造、一部鉄骨鉄筋コンクリート造

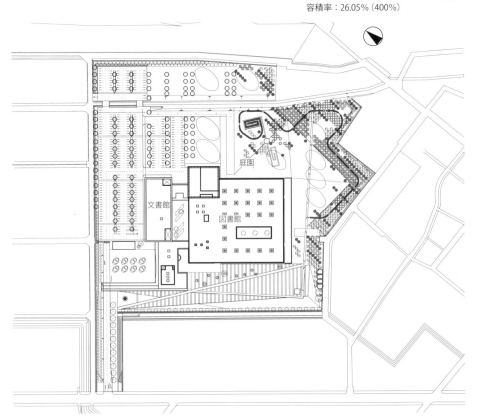

配置図　1／4000

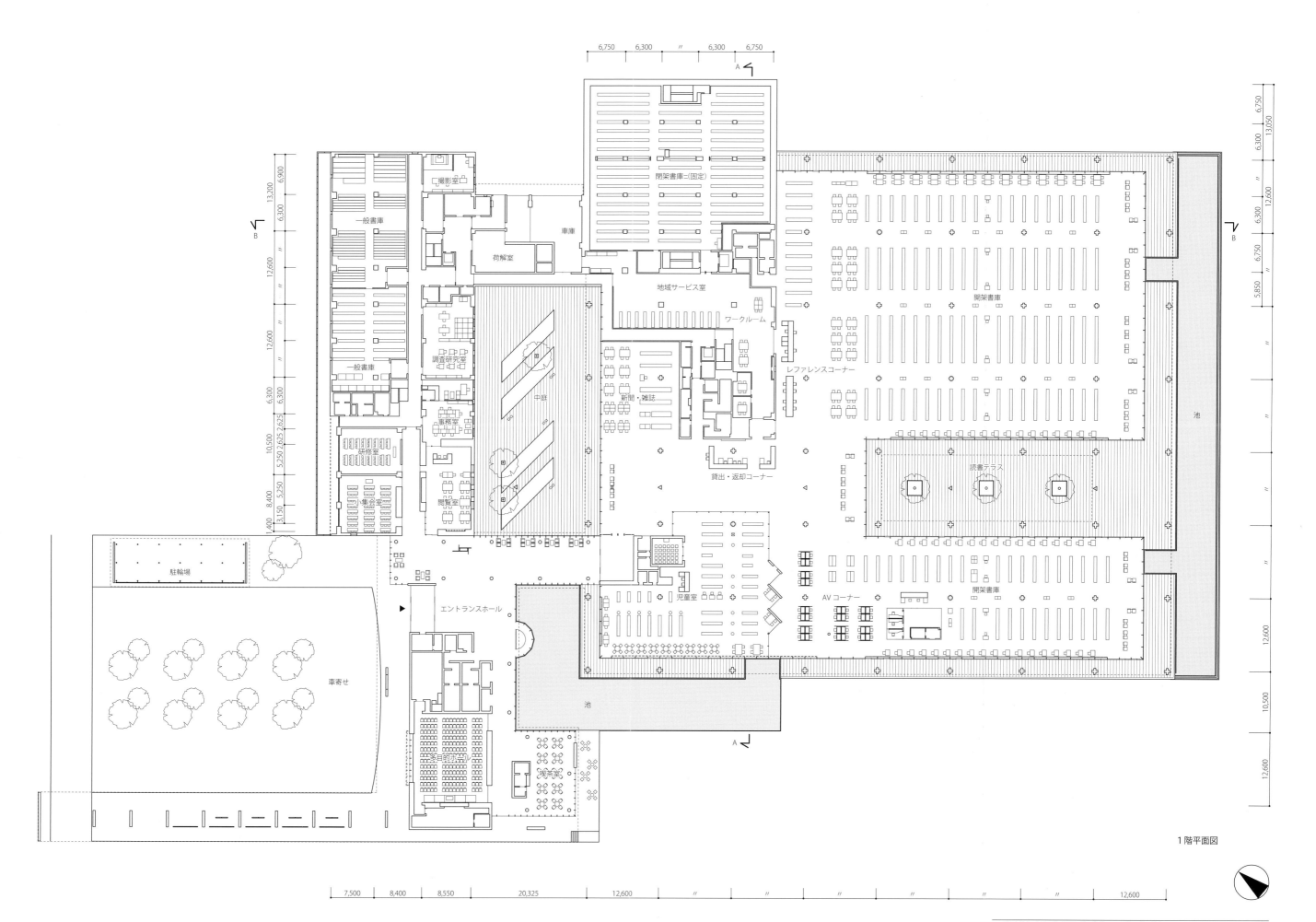

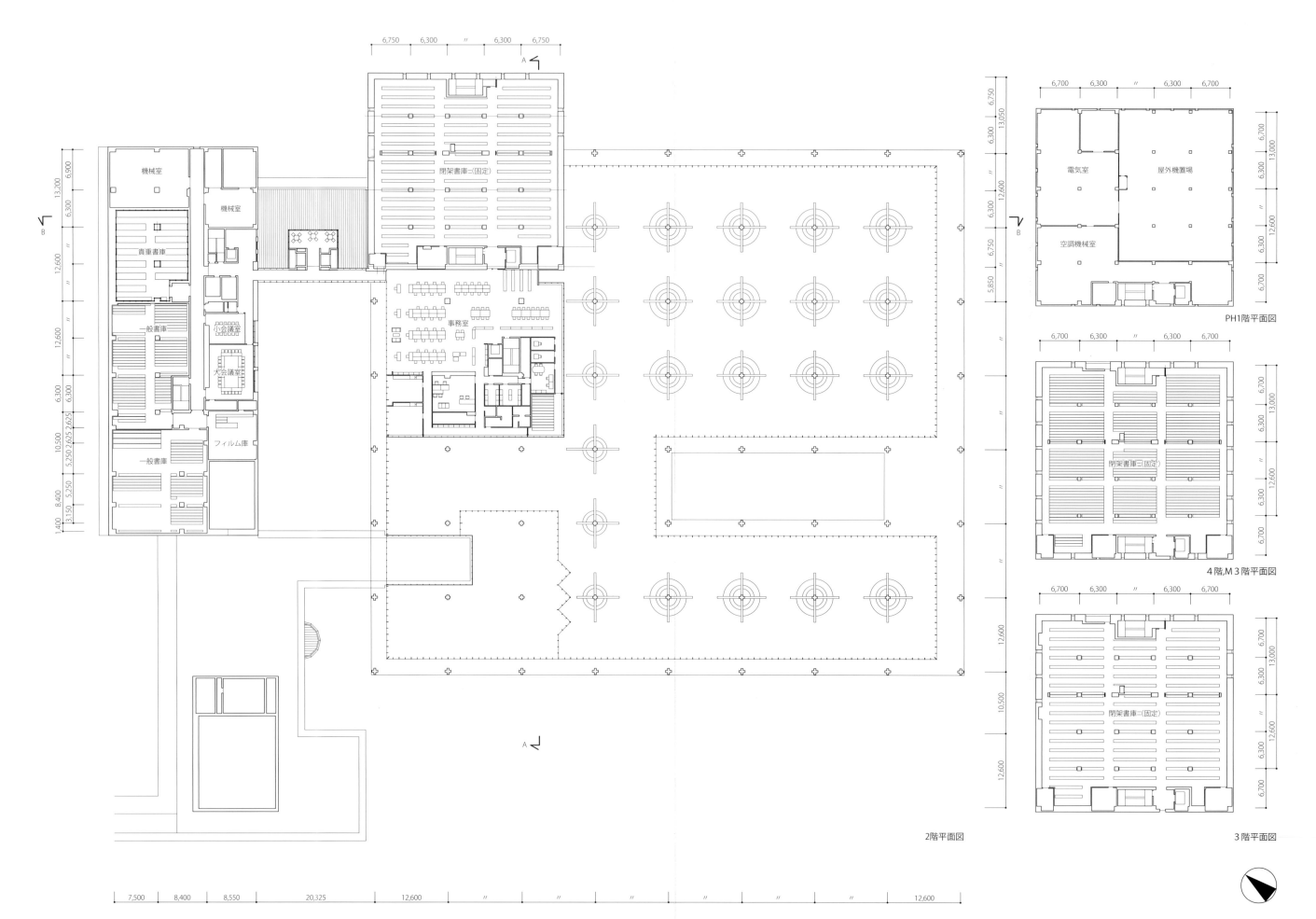

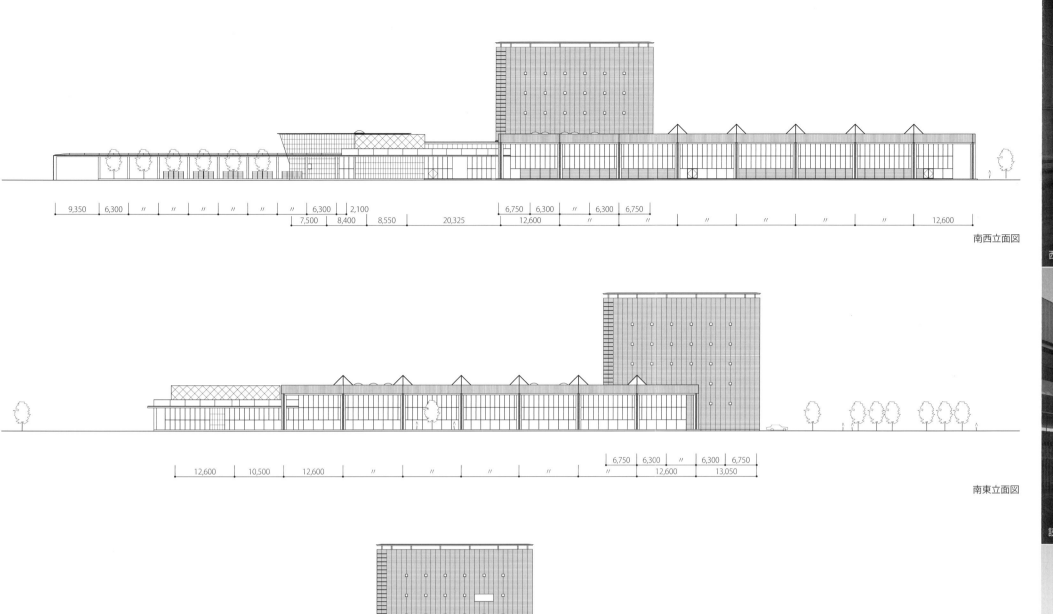

南西立面図

南東立面図

北東立面図

北西立面図

福井県立図書館・文書館
立面図　scale 1/800

西側の池越しに図書館を見る

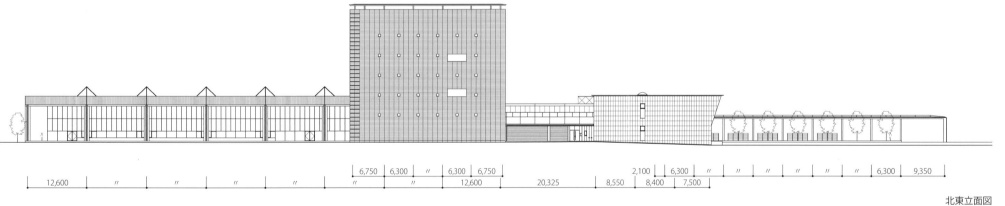

読書テラス

中庭。文書館側から図書館を見る

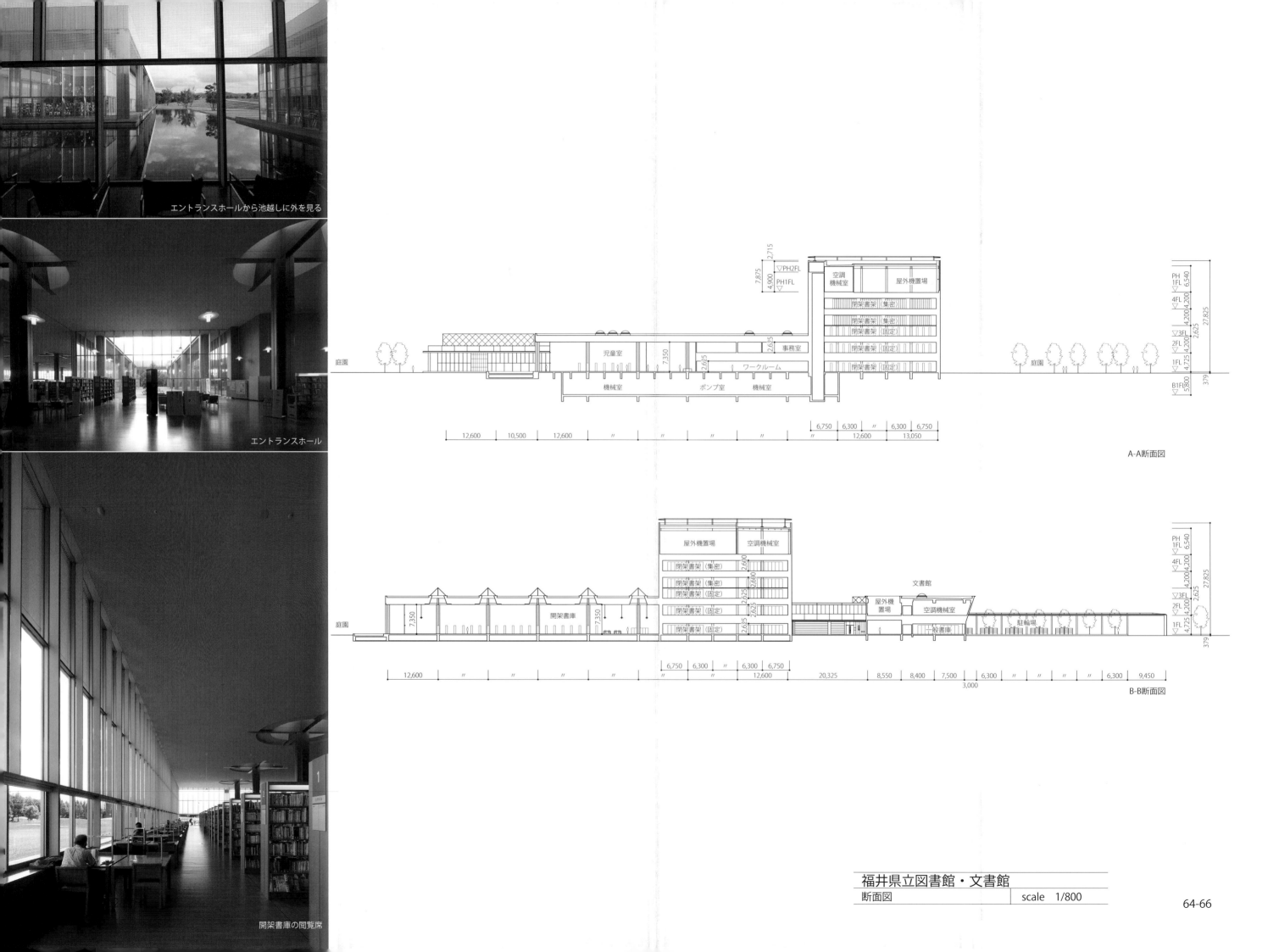

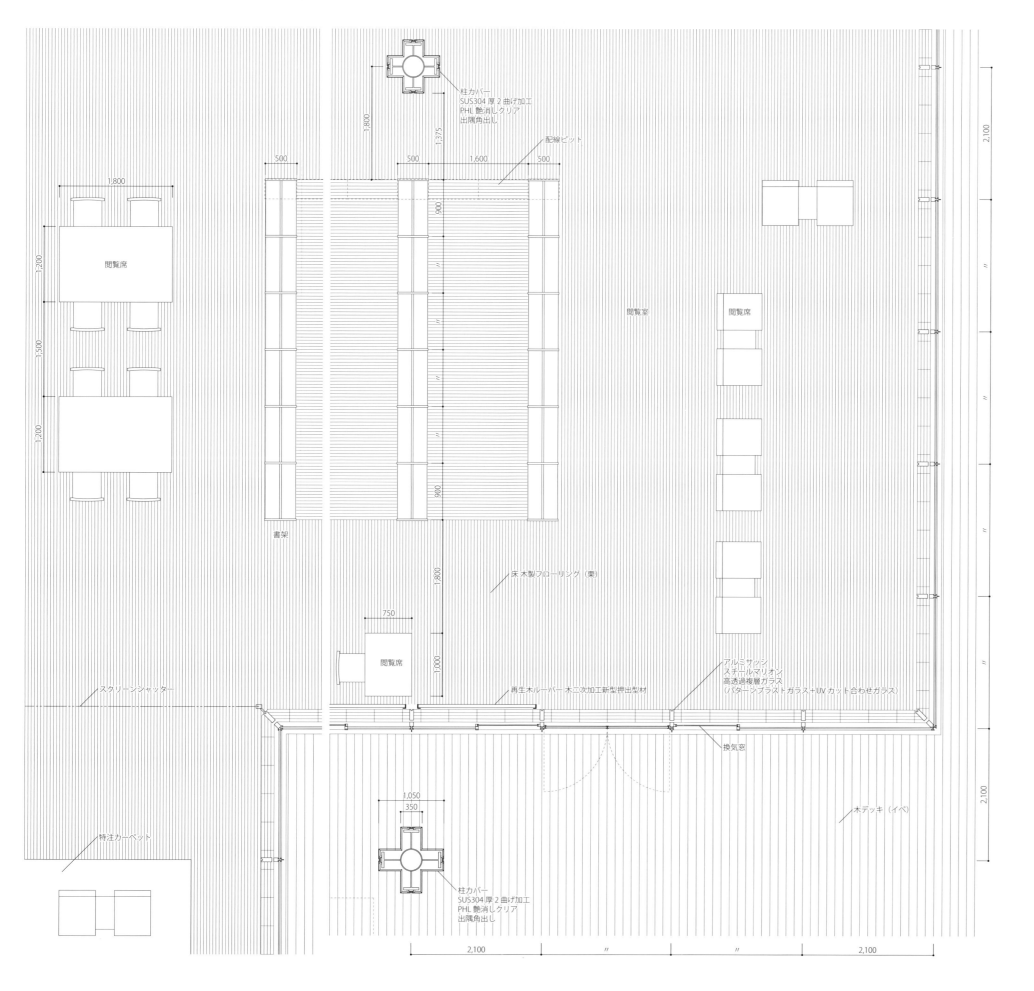

福井県立図書館・文書館
閲覧室平面詳細図　scale 1/60

開架書庫と閲覧席

開架書庫

トップライト

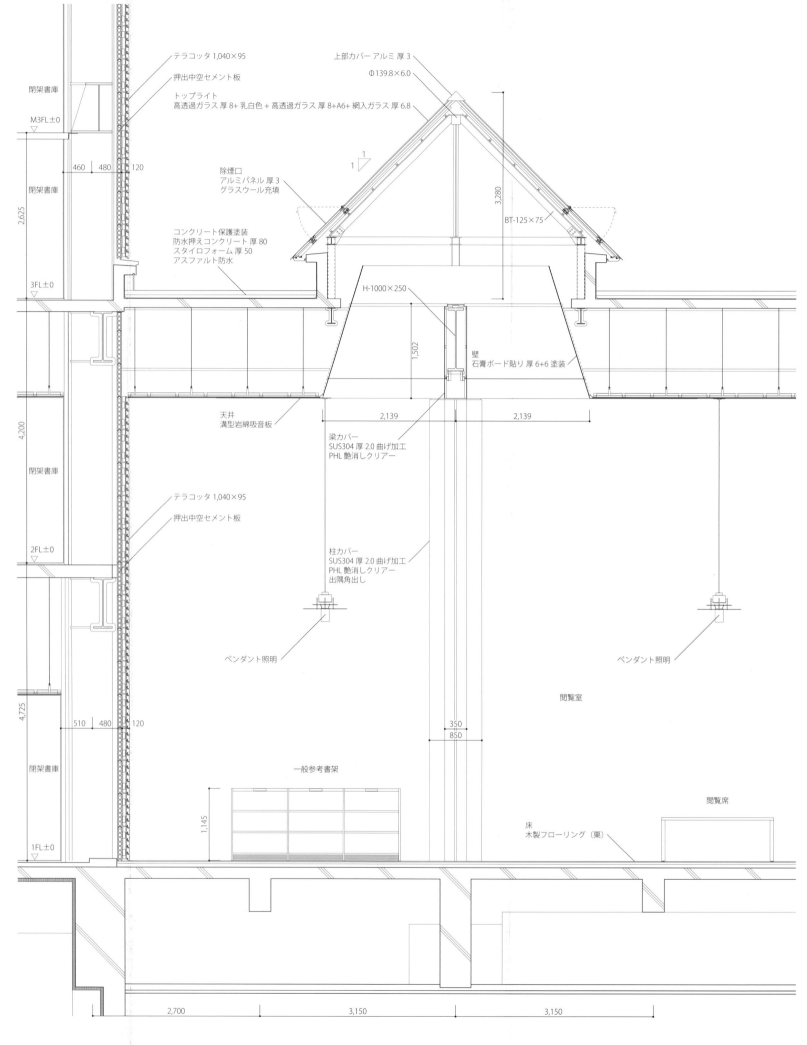

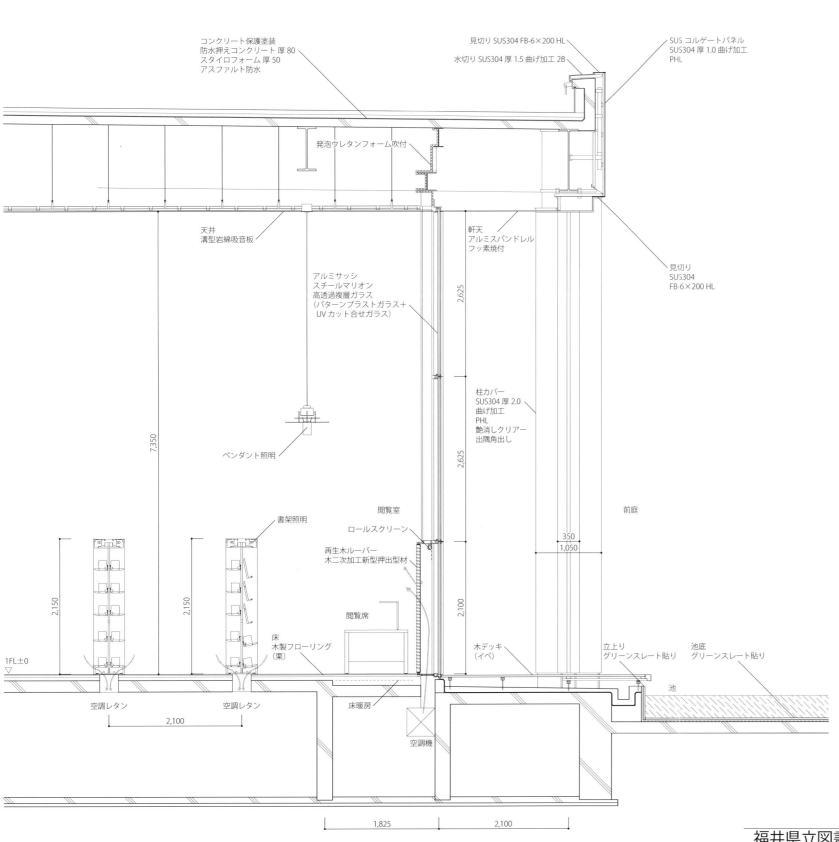

閲覧席開口部。ロールスクリーンが上がっている状態

ロールスクリーンが下りている状態

南西に向いた開口部。再生木ルーバーにより光をコントロール

福井県立図書館・文書館
閲覧室断面詳細図　scale 1/60

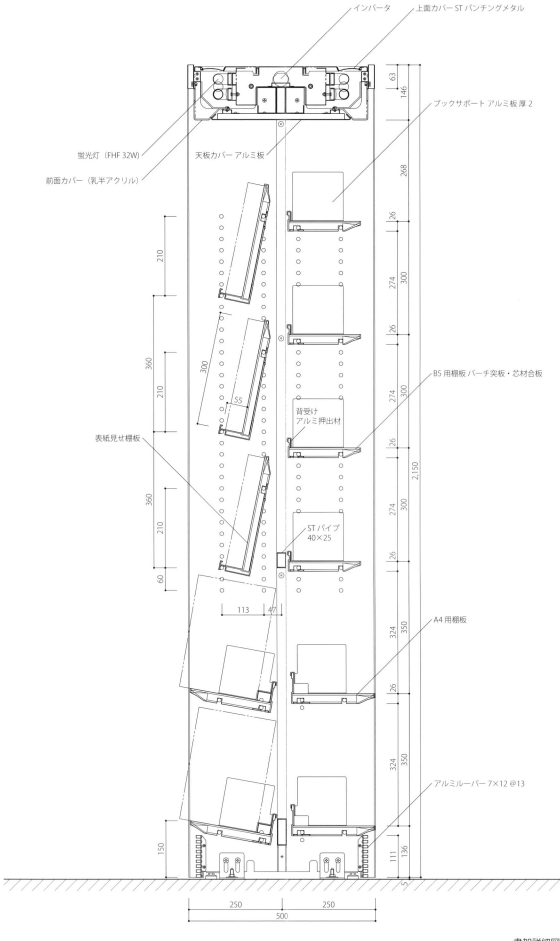

書架詳細図

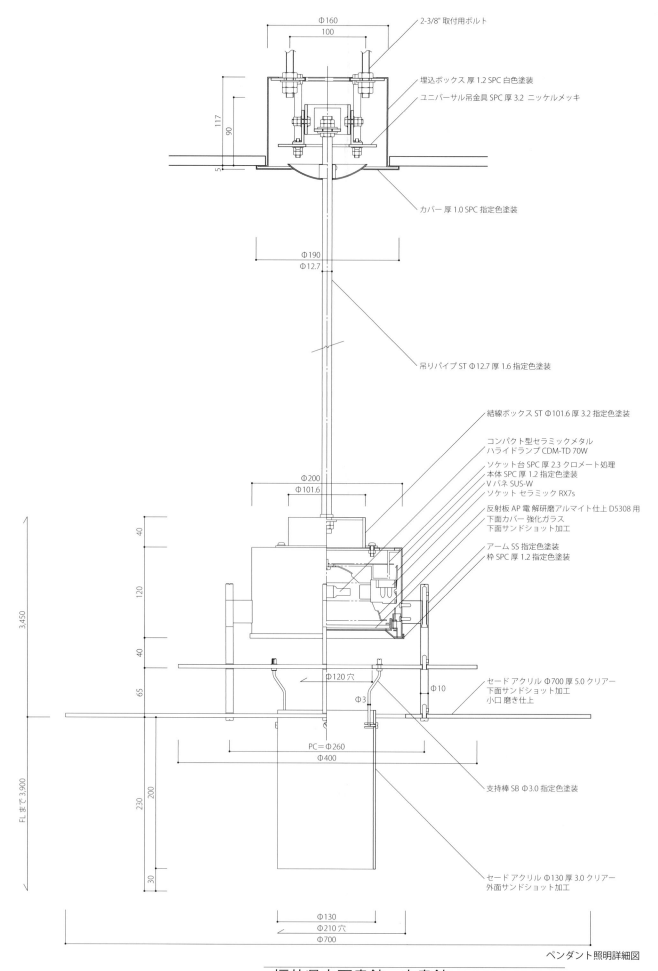

ペンダント照明詳細図

福井県立図書館・文書館
書架・ペンダント照明詳細図　scale　1/10・1/5

図版出典

- 鬼頭梓建築設計事務所：図2.6、図2.26
- 新建築学大系編集委員会編『新建築学大系30　図書館・博物館の設計』彰国社、1983：図1.9、図2.12
- 筑波大学中央図書館設計小委員会・岡田新一設計事務所：図2.27
- 東京電機大学積田研究室：図1.4、図1.10、図2.2、コラム①
- 日本建築学会編『空間演出』井上書院、2000：図2.9
- 日本建築学会編『建築設計資料集成　教育・図書』丸善、2003：図2.28、図2.42
- 日本建築学会編『建築設計資料集成7　建築－文化』丸善、1981：図2.3
- 日本建築学会編『建築設計資料集成7　建築－文化』丸善、1981より作成：図1.7、図2.4、図2.7
- 日本建築学会編『第3版　コンパクト建築設計資料集成』丸善、2005：図2.25、図2.30
- 日本建築学会編『第2版　コンパクト建築設計資料集成』丸善、1994：図1.11、図2.16、図2.17、図2.22、図2.23、図2.40、図2.41
- 日本建築学会編『第2版　コンパクト建築設計資料集成』丸善、1994より作成（Godfrey Thompson：Planning and Design of Library Buildingsより作成）：図2.10、図2.15
- 日本図書館協会資料より作成：表1.5
- Friendemann編『e＋p　10　図書館』集文社、1984：図1.6
- INA新建築研究所：図2.29
- Wikimedia Commons：図1.1

参考文献

- 岡田光正・柏原士郎・辻正矩・森田孝夫・吉村英祐著『現代建築学　建築計画2』鹿島出版会、1991
- 岡村製作所　カルチャー（文化・複合施設）総合カタログ
- 空気調和・衛生工学会編『建築設備集成　学校・図書館』オーム社、2011
- 建築思潮研究所編『建築設計資料7　図書館』建築資料研究社、1984
- 建築思潮研究所編『建築設計資料43　図書館2』建築資料研究社、1993
- 建築思潮研究所編『建築設計資料97　図書館3』建築資料研究社、2004
- 建築設計テキスト編集委員会編『建築設計テキスト　事務所建築』彰国社、2008
- 積田洋・福井通・赤木徹也・金子友美・鈴木弘樹・山家京子著『建築空間計画』彰国社、2012
- 日本図書館協会図書館調査事業委員会編『日本の図書館　統計と名簿　2014』日本図書館協会、2015

写真撮影者・提供者

大塚ゆき恵：図2.1、図2.14、コラム②右・左
大橋富夫：p48右
鎌田光明：図2.21
彰国社写真部：p48左、p49
彰国社写真部（畑　拓）：図2.11、　図2.35、p36、p37、p38、p39、p42、p43、p44、p46、p47、p54、p63、p64、p69、p70、p75
鈴木信弘：図2.8右・左
スパイラル／小林浩志：p40
恒松良純：図2.13、図2.18、図2.19、図2.20、図2.32、図2.33
積田洋：図1.2、図1.3、図1.5上・下、図2.5右・左、図2.24、コラム③上・下
陶器二三雄建築研究所提供：p50
東北学院大学中央図書館提供：コラム⑧右・左

著者略歴

積田　洋（つみた　ひろし）
1951 年　東京都生まれ
1975 年　東京電機大学工学部建築学科卒業
　　　　　同研究室、設計事務所を経て
1978 年　東京電機大学工学部建築学科助手
2001 年　東京電機大学工学部建築学科教授
2009 年　東京電機大学未来科学部建築学科科長
2015 年　東京電機大学未来科学部学部長、現在に至る
　　　　　博士（工学）、一級建築士

主な著書：『建築設計テキスト　事務所建築』『建築・都市計画のための空間の文法』
『建築空間計画』（以上共著、彰国社）、『建築・都市計画のための空間学事典』『空間
デザイン事典』『建築・都市計画のための空間計画学』『空間体験』『空間演出』『空間
要素』（以上共著、井上書院）、『人間環境学』（共著、朝倉書店）、『地域施設の計画』
（共著、丸善）

恒松良純（つねまつ　よしずみ）
1971 年　東京都生まれ
1995 年　東京電機大学工学部建築学科卒業
2001 年　東京電機大学大学院工学研究科建築学専攻博士課程修了
2002 年　秋田工業高等専門学校助手
2007 年　秋田工業高等専門学校准教授
2015 年　東北学院大学工学部環境建設工学科准教授、現在に至る
　　　　　博士（工学）

主な著書：『建築・都市計画のための空間の文法』（共著、彰国社）、『建築・都市計
画のための空間学事典』『建築・都市計画のための調査・分析方法 改訂版』『建築・
都市計画のための空間計画学』『空間演出』『空間要素』（以上共著、井上書院）

建築設計テキスト　図書館
2016 年 2 月 10 日　第 1 版 発　行

編　者　　建築設計テキスト編集委員会
著　者　　積田　洋・恒松良純
発行者　　下　出　雅　徳
発行所　　株式会社　彰　国　社

著作権者と
の協定によ
り検印省略

162-0067　東京都新宿区富久町 8-21
電話　　　03-3359-3231（大代表）
振替口座　　　00160-2-173401

自然科学書協会会員
工学書協会会員
Printed in Japan
ⓒ建築設計テキスト編集委員会（代表）2016年

印刷：真興社　製本：ブロケード

ISBN 978-4-395-32055-4 C3352　　http://www.shokokusha.co.jp

本書の内容の一部あるいは全部を、無断で複写（コピー）、複製、および磁気または光記録
媒体等への入力を禁止します。許諾については小社あてご照会ください。